HEXAGONE

Plus

Ken Foden

Oxford University Press

Oxford University Press, Walton Street, Oxford OX2 6DP

Oxford New York Toronto
Delhi Bombay Calcutta Madras Karachi
Petaling Jaya Singapore Hong Kong Tokyo
Nairobi Dar es Salaam Cape Town
Melbourne Auckland

and associated companies in

Berlin Ibadan

Oxford is the trade mark of Oxford University Press
© Ken Foden 1989
First published 1989
Reprinted 1991, 1992

ISBN 0 19 912095 1

This book is for my mother, L. Foden.

It would not have been possible without the enthusiasm, support, and encouragement of the following people:
David Smith, whose experience and perception once again helped me keep on the right tracks.
Yannick Court and Keith Faulkner, who were an unfailing source of energy and enterprise, particularly on our expedition in search of authenticity. Keith spent many hours behind the microphone and Yannick did a most thorough job on reading the text.
Everyone at Studio AVP: actors, technicians, James Richardson.
Fiona Clarke and her team at OUP.
Janice, Sarah, and Michael.

Acknowledgements

Illustrations by Penny Dann, Christyan Jones, Nigel Paige and Neil Wilson. Handwriting by French people (with help from Peter Downes), Véronique Cayrouse and Brian Wall.

The publishers and author would like to thank the following for permission to reproduce photographs:

John Brennan, p.4 top right, 50 left, 52 (a1+2, b1+3, c1, 3+4), 82 left, 84 top, 87 right, 116 top right, 119 right, 120 bottom three, 121 top right, 126 centre top; Anthony Blake, p.37 (a1, 2+4, b2+3, c3+4, D4), 38 top; Camera Press, p.133 bottom; Jacques Charles, correspondante de Presse Le Dauphiné Libéré – France, p.63; Peter Downes, p.4 centre and bottom right, 21 (a2+3, b3, d2), 35 top, 45, 62 top right, centre bottom, 101, 116 bottom right, 126 bottom right; French Government Tourist office, p.37 (b1); Keith Gibson, p.8 top, 37 (c1+2, d2+3), 38 bottom two, 43 bottom, 50 right, 71 (all), 75 top right, bottom right, 82 right, 95 top right, 123 top, 126 centre bottom, 131; Anne Hughes-Gilbey, p.34 bottom, 37; Maison Blanc/Chris Honeywell, p.38 below top; Minitel, p.52; Sarah Nicholson, p.21(b1); Rex Features/Stills, p.9 bottom, 10 top, 36 top and bottom, 133 top, 137 left, 145 top right; J and M Ribiere, p.21 (c2), 34 top and centre, 43 top, 76 top, 126 left; David Simson, p.4 bottom left, 5, 7, 17 top 3, bottom, 41, 58 (all), 70 top, 75 left, 85 both, 95 top left, 105, 110 both, 113 both, 115, 116 top right, centre top, centre bottom, bottom left, 117, 126 top right, 130 all, 145 centre left and right, bottom left; Frank Spooner Pictures, 10 bottom left and right, 12, 14, 56 (all), 134, 136, 137 right; Anthony Sprent, p.21 (a1); Catherine Sprent, p.21 (d1 + 3), p.53; Sally Stradling, p.21 (c1 + 3), 37 (a3, d1), 51, 55 (both), 62 centre, 67, 70, 76 centre, 77 top and bottom, 112, 118 top and bottom, 119 left and centre, 120 top, 121 left and bottom right, 123 bottom; Sygma/G. Schachmes, p.9 top; UPI, p.144

All other photographs are by the author.

The publishers would like to thank the following for permission to reproduce copyright material:
Banque Populaire Centre-Atlantique, Brittany Ferries, Les Editions Télématiques de France, Ministère des Postes et Télécommunications, O.K., Opera Mundi Agepresse, Ouest France

Every effort has been made to contact copyright holders of material reproduced in this book. Any omissions will be rectified in subsequent printings if notice is given to the publisher.

Typeset by Tradespools Ltd, Frome, Somerset
Printed in Hong Kong

Contents

▌	=	material recorded on cassette
◢	=	pair work activity
●	=	groupwork activity

1 Pour bien comprendre

Pouvez-vous m'aider?

Vous parlez déjà bien, sans doute, mais sans
passer beaucoup de temps dans un pays
francophone (un pays où l'on parle français)
vous aurez toujours des manques dans votre
vocabulaire et, en plus, vous trouverez difficile
de comprendre les Français quand ils parlent
très vite. Ne vous inquiétez pas! Voici la
solution à ce problème. Lisez et écoutez très
attentivement!

Lisez!

Vous rappelez-vous ces expressions? (Elles ont
paru dans *Hexagone 2*.) Qu'est-ce qu'elles
veulent dire?

Je comprends.
Je ne comprends pas.
Vous comprenez?
Tu comprends?
Vous voulez répéter, s'il vous plaît?
Tu veux répéter, s'il te plaît?
Vous voulez parler moins vite, s'il vous plaît?
Tu veux parler moins vite, s'il te plaît?

Ajoutez à cette liste:
Comment?   What? (used usually to friends)
Pardon?   Pardon? (more polite than **Comment?**)

▌ Ecoutez!

Ecoutez ces exemples qui vous indiquent
l'usage de ces expressions.

🔊 L'alphabet

Ça se prononce d'une façon différente en français. Ecoutez et
lisez en même temps.

A B C D E F G H I J K L M N O P Q R S T U V W X Y Z
a b c d e f g h i j k l m n o p q r s t u v w x y z

HEXAGONE PLUS   ZOO   ORANGE

CEINTURE   BANQUE   POIRE

MAISON

RUGBY   JAMBE   PAQUET   DACTYLO

PYJAMA   VIN   WEEK-END   KILO   FREIN

🔊 Comment ça s'écrit? Comment ça se prononce?

Ecoutez maintenant quelques Français qui épellent des mots.
Essayez de les écrire sur votre papier.

◢ Travaillez avec un(e) partenaire

Utilisez les mots ci-dessus.

Exemple:

A: (*indiquant le mot BANQUE*) Comment ça
se prononce?
B: Banque.
A: Comment ça s'écrit?
B: (*sans regarder*) B-A-N-Q-U-E.

Ensuite:

A: Quel est votre nom?
B: Je m'appelle Louise Lunn.
A: Pouvez-vous épeler ça, s'il vous plaît?
B: Oui, bien sûr. L-O-U-I-S-E L-U-N-N.

B: Et vous? Vous habitez où?
A: J'habite Barnsley.
B: Ça s'écrit comment?
A: B-A-R-N-S-L-E-Y.

Au secours!

Quelquefois quand vous parlez français vous ne connaissez pas
le mot dont vous avez besoin. Ou bien vous ne comprenez pas un
mot qu'on vous dit ou que vous voyez dans une lettre, un
magazine etc. Que faire alors? Vous pouvez dire:

— Comment dire «pocket money» en français?
— «Bank account», ça se dit comment en français?
— J'ai oublié le mot pour «open». Qu'est-ce que c'est?
— Voulez-vous (veux-tu) m'expliquer le mot «cambrioler»?
— «Interdit», qu'est-ce que ça veut dire en anglais?

◢ Travaillez avec un(e) partenaire

a Exemple:
— Comment dire «button» en français?
— On dit «bouton».

Utilisez les mots suivants:

cooker	rucsac	electric socket	bird
razor	sticking plaster	micro-computer	pig
tap	teapot	battery	vacuum cleaner
fill			

une théière

un cochon

une prise de courant

remplir

une pile

du sparadrap

un rasoir

un micro-ordinateur

un robinet

une cuisinière

un sac à dos

un oiseau

un aspirateur

b Exemple:
— «Oiseau», qu'est-ce que ça veut dire en anglais?

C'est le truc ... C'est le machin

Les Français utilisent très souvent les mots
«truc» et «machin». Ils veulent dire «thing».
Ils sont très utiles si vous oubliez un mot. Par
exemple: au lieu de *brosse à dents* vous pouvez
dire *le truc qu'on utilise pour se laver les dents*.
Utilisez aussi:
C'est une sorte de ...   It's a sort of ...
C'est comme ...   It's like ...

Le jeu des définitions!

Qu'est-ce que c'est?

1 C'est le truc dans lequel on garde ses billets
de banque.
2 C'est le machin qu'on utilise pour mettre du
sucre dans son café.
3 C'est le truc qu'on utilise pour écrire des
lettres.
4 C'est le machin qu'on utilise pour prendre
des photos.
5 C'est une sorte de crème jaune qu'on mange
au dessert en Grande-Bretagne.
6 C'est comme de la bière mais c'est fabriqué
avec des pommes.

Essayez de donner des définitions des objets
suivants:

Vous parlez bien

Vous étudiez, bien sûr, le français, mais est-ce
que vous faites aussi d'autres langues
étrangères: l'allemand, l'espagnol, l'italien, le
russe, le chinois par exemple? Voici quelques
expressions utiles qui vous permettront de
discuter des langues que vous étudiez. Les
comprenez-vous?

Vous apprenez le français depuis quand?
J'apprends le français depuis cinq ans.
Vous étudiez l'allemand depuis combien de
temps?
J'étudie l'allemand depuis trois ans.
Tu fais de l'espagnol depuis combien de temps?
Depuis deux ans.
Vous aimez apprendre les langues?
J'aime beaucoup le français mais je le trouve
difficile.
L'italien, c'est facile. Qu'est-ce que tu en
penses?
Je suis fort(e) en russe.
Je suis nul (nulle) en chinois.

Parlez à un(e) ami(e) au sujet des langues.
Vous apprenez quelles langues? Etes-vous
fort(e)? Est-ce que vous les aimez? Vous les
étudiez depuis quand?

Ensuite écrivez un paragraphe à un(e)
correspondant(e) sur le même sujet. N'oubliez
pas aussi de lui poser des questions.

Es-tu fort(e) en langues étrangères?

Marie-Laure est championne
d'équitation ... mais en ce qui concerne les
langues? Ecoutez-la maintenant ... Prenez des
notes en anglais.

2 Qui êtes-vous? 1

▣ Avez-vous le courage de parler?

Vous parlez déjà bien le français, n'est-ce pas?
Vous savez comment dire votre nom, votre
adresse, etc, mais avez-vous le courage de
parler avec des Français et des Françaises?
Ecoutez ces jeunes filles du nord de
l'Angleterre. Elles font des erreurs, c'est
évident, mais elles essaient quand même de se
faire comprendre! C'est-à-dire qu'elles ont le
courage de parler.

Répondez en anglais aux questions suivantes:

1 Where do the girls live?
2 What mistake does Rebecca make?

▣ Voici Frédéric et Majid
Ecoutez maintenant deux jeunes Français:
Majid et Frédéric. Ils habitent une ville en
France qui s'appelle Bressuire.

1 What size town is Bressuire?
2 How long has Frédéric been living there?

▣ Voici Géraldine
Géraldine habite à Bressuire aussi. Elle est
une amie de Frédéric et de Majid.

1 How old is Géraldine?
2 Where in Bressuire does she live?

Renseignez-vous sur Gérard Lanvin

Trouvez ça en français!
place of birth
lucky charm
faults
a tattoo
an eagle

GiRLS

GÉRARD LANVIN

Nom : .... Lanvin.
Prénom : .... Gérard.
Date de naissance : ...... 21 juin 1950.
Signe astrologique : .... Gémeaux
ascendant Gémeaux.
Lieu de naissance :
Boulogne-Billancourt.
Situation de famille : .... Marié.
Taille : .... 1,80 m.
Poids : .... 76 kg.
Yeux : .... Marron.
Cheveux : .... Châtains foncés.
Etudes : Bac (sans l'avoir, je précise).
Couleurs préférées : .... Noir et blanc,
rouge vif et couleurs pastels.
Sports pratiqués : Une heure de gym
et de musculation par jour.
Chanteurs préférés : .... Renaud,
Goldman, Prince, Madonna, M. Jonasz.
Acteurs préférés : Ceux dont la tête
n'enfle pas autant que leur célébrité.
Plat préféré : Lentilles au confit d'oie.
Hobbies : ...... Rêver dans un hamac.
Objet porte-bonheur : ... J'aimerais en
trouver un !
Animaux préférés : Chevaux et chats.
Parfum : .... Eau de Cologne du
Mont-Saint-Michel.
Qualités : ..... Admettre que j'ai des
défauts.
Défauts : Croire que j'ai des qualités.
Signes particuliers : Un tatouage : un
aigle, symbole de liberté. Renaud a fait
le sien en même temps que moi.
Débuts : .... Difficiles...
Domicile : .. Dans les bois, près de la
mer (Cf « Moi vouloir toi »).
Où lui écrire : ... C/o Films Christian
Fechner, 25 avenue Marceau, 75008
Paris (en vous demandant pardon de ne
pas toujours pouvoir vous répondre).

FILMOGRAPHIE
1977 : Vous n'aurez pas l'Alsace
et la Lorraine (Coluche).
1980 : L'Entourloupe (Gérard
Pires). Une Semaine de Vacances,
(Bertrand Tavernier).
1981 : Le Choix des Armes (Alain
Corneau) ; Une Etrange Affaire
(Pierre Granier-Deferre).
1982 : Tir Groupé (Jean-Claude
Missiaen) ; Le Prix du Danger
(Yves Boisset).
1983 : Ronde de Nuit (Jean-
Claude Missiaen).
1984 : Marche à l'Ombre (Michel
Blanc) ; Les Spécialistes (Patrice
Leconte).
1985 : Moi Vouloir Toi (Patrick
Dewolf).
Café Théâtre :
Ginette Lacaze. Fromage ou
Dessert. Amours, Coquillages et
crustacés. Elle voit des Nains
Partout. La revanche de Louis XI.

Lisez cette description de lui-même faite par une vedette française. Ensuite, faites-lui une carte d'identité semblable à celle de Gérard Lanvin.

Je m'appelle **Etienne Daho**. Je suis né le 14 janvier 1958 à Rennes. Actuellement, j'habite à Paris. Je suis encore célibataire (mais fiancé!). Je mesure 1,76m et je pèse 61kg. Mes cheveux sont châtains et mes yeux sont marron. J'ai obtenu une licence d'anglais à l'université. Mes couleurs préférées sont le gris, le bleu, le noir et le blanc. J'aime jouer au tennis et faire de la natation. Mes chanteurs préférés sont Lou Reed et Alan Vega. Mes acteurs préférés sont Nastassja Kinski et Mickey Rourke. Le plat que j'aime le plus c'est le poisson cru. Mon objet porte-bonheur est un Pinocchio en bois que j'ai acheté à Pise en Italie. En ce qui concerne les animaux j'aime surtout les chattes. J'ai débuté dans la musique pop en janvier 1982.

Vous avez le choix!

C'est à vous de décider. Vous devez faire votre propre carte d'identité ou écrire une description de vous-même, comme celle d'Etienne Daho. Faites les deux, si vous voulez!

LA PLUS GROSSE GAFFE DE LEUR VIE

Lisez ces quelques gaffes qu'ont faites des stars!

Répondez à ces questions en anglais.

C. Jérôme

1 How long ago did C. Jérôme make his 'biggest blunder'?
2 What was the mistake he made?

C. Jérôme : Il y a une quinzaine d'années, mon producteur, Jean Albertini m'avait confié un chèque en blanc qu'il avait préalablement signé et qui devait me servir à régler une certaine chose. Je l'avoue, je suis parfois un peu distrait. Enfin, bref au lieu d'inscrire sur le chèque la somme de 150 francs, j'ai mis 15 000 francs ! Agréable, vous vous en doutez, pour l'encaisseur mais pas pour le débiteur ! Enfin, par la suite, heureusement tout est rentré dans l'ordre !

Richard Berry : Je discutais un jour avec un metteur en scène très connu d'une fille du métier et je lui confiais que je la trouvais vraiment très très moche ! J'ignorais simplement que la demoiselle en question était la compagne du metteur en scène ! Depuis, je l'avoue, nos relations sont demeurées assez tendues !

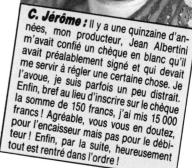

François Valéry : C'était en 1974, je venais d'enregistrer « Une chanson d'été », mon premier disque. A l'époque, j'étais très timide et j'avais toujours un trac d'enfer lorsque je devais assister à un dîner mondain. Un jour où j'avais été convié à l'un d'entre eux, j'arrive encore plus fébrile que d'habitude. Je cherche à me faire tout petit et m'asseois sur le premier siège venu. Malheureusement, je n'avais pas vu qu'il était déjà occupé et je me suis ainsi retrouvé sur les genoux... de la duchesse de Bedford !

Richard Berry

Why is one film director not very friendly towards Richard?

François Valéry

1 What important thing had François done in 1974?
2 He was very nervous when invited out to dinner. What mistake did he make?

Et vous? Quelle est la plus grande gaffe que vous avez faite, jusqu'ici? Décrivez-la en quelques phrases. Les expressions suivantes pourraient vous être utiles:

Il y a . . . ans.
C'était en 19 . .
La plus grosse gaffe de ma vie, je l'ai faite . . .
Malheureusement . . .

A l'époque . . .
Tout le monde a éclaté de rire!
Je suis devenu(e) rouge comme une tomate.
Je n'oublierai jamais . . .

A la poterie de St Porchaire

Nous avons rencontré Frédéric Touraine à la poterie de St Porchaire, à Bressuire, où il faisait un stage de sport et loisirs.

1 How long had he been working on his candlestick?
2 How old are the children on the course?
3 How did Frédéric find out about the summer activities?
4 How did he sign on?
5 How old is he?
6 What does he like at school?

Ecoutez Séverine. Quelquefois elle ne sait pas comment répondre aux questions, alors elle dit «J'sais pas, moi.» (Je ne sais pas, moi.)

1 How old is she?
2 Does she have any brothers or sisters?
3 What do her parents do?
4 What does she like best at school?

Ecoutez la bande encore une fois et faites une liste des questions que l'homme a posées aux jeunes Français. Préparez vos propres réponses à ces questions, puis posez-les à un(e) ami(e).

Vous connaissez bien votre ami(e)?

Travaillez avec un(e) partenaire.

Exemples:
A: Ta date de naissance, c'est le 17 décembre.
B: Tu as raison.
B: Tu pratiques le tennis.
A: Non, tu as tort.

3 Qui êtes-vous ? 2

Francis Huster

Voilà les 30 petits secrets de Francis Huster, un acteur célèbre.
Lisez-les! Voici des mots pour vous aider à comprendre:

aveugle blind
un chiffre a figure
maudit jinxed
rater to miss
diriger to direct
un menteur a liar
un lustre a chandelier
se gaver to gorge oneself
un(e) sociétaire a full member
illustre famous
fidèle faithful
insensible indifferent
une loge a dressing-room

2 Which colour does he like?
3 Which leg has he broken several times?
8 What is Francis allergic to?
15 Which profession does he admire?
23 Which animal does he like?

Notez les numéros des secrets que vous partagez avec Francis. Ajoutez-en d'autres à votre liste. Racontez vos secrets à un partenaire.

Francis Huster connaît par cœur toutes les rubriques de OK! car il en est un lecteur assidu. Aussi, lorsqu'on lui a demandé de nous révéler trente petits secrets, il s'est emparé d'une feuille blanche et d'un stylo, des idées plein la tête . . .

Voici les réponses:

1 J'ai été aveugle à ma naissance.

2 Je déteste le vert, mais j'aime le bleu.

3 J'ai eu plein de fractures à la jambe gauche (ski, foot. . .). Ma jambe droite, ça va!

4 Mon chiffre préféré, c'est le 7.

5 Je joue comme avant-centre au Racing Club de football de l'Alma. Je suis maudit aux pénalties, je les rate toujours.

6 Je n'ai pas de voiture, mais j'ai mon permis.

7 Je n'ai pas de théâtre, mais je rêve de diriger une troupe.

8 Je suis allergique aux fruits de mer (tous) et à la moutarde.

9 Je porte toujours mon pyjama sur moi et mets deux chemises l'une sur l'autre.

10 J'adore Paris et seulement Paris.

11 J'aime la tendresse et la délicatesse.

12 Je déteste les menteurs et les traîtres.

13 J'aime Mahler, Mozart, Molière, Musset et Maman!

14 J'aime aimer et j'aime qu'on m'Aime. Avec un grand A.

15 J'admire les médecins qui se sacrifient pour les autres.

16 Je ne me parfume pas, préférant l'odeur vraie des choses et des êtres.

17 Je crois en Dieu.

18 Je crois aussi en l'amour, en la passion et en la paix.

19 J'aime l'odeur de la terre fraîche.

20 La pluie, l'automne et les feuilles mortes me font craquer.

21 A la décoration moderne, je préfère les vieux lustres, les bougies et les beaux objets du temps passé.

22 Je me gave tous les jours de ketchup et de litres de Coca-Cola

23 Je préfère les chiens aux chats.

24 J'ai été sociétaire à l'illustre Comédie Française.

25 J'aime les filles qui sont fidèles.

26 Je n'aime pas dormir longtemps (trois à six heures pas plus).

27 Je suis parfaitement insensible aux livres et aux films de science-fiction.

28 J'ai beaucoup de tendresse pour mes élèves du cours Florent.

29 J'adore les rues magiques de Paris.

30 Je n'ai pas de domicile fixe. J'habite chez des amis et le plus souvent dans ma loge de théâtre.

▣ Qui êtes-vous?

Ecoutez ces Français. Essayez de noter les détails suivants dans chaque cas:

Nom	Age	Ce qu'ils aiment et ce qu'ils
Prénom	Date de naissance	n'aiment pas
Domicile	Nationalité	Situation de famille
Numéro de téléphone	Profession	Description physique

Make a column for each category and fill in as many details as possible about each person.

un rempailleur a chair-mender
la réflexion thought
d'assez forte corpulence quite fat

Posez les mêmes questions à un(e) ami(e).

◤ A votre âge que faisaient-ils?

Lisez cet article sur la jeunesse d'Isabelle.

A VOTRE AGE QUE FAISAIENT-ILS?

ISABELLE ADJANI

une élève brillante

Malheureuse, elle l'est à cette période de sa vie, mais loin de se laisser aller à la délinquance comme d'autres qui auraient pu le faire à sa place, elle prend sa revanche et oublie la tristesse de son H.L.M. familial en devenant une élève studieuse et brillante. « A quatorze ans, dit-elle, je rêvais de devenir pilote de ligne, danseuse étoile ou Mata-Hari.

elle rêvait de devenir danseuse ou pilote de ligne

L'enfance d'Isabelle Adjani — née en juillet 1955 à Paris —, c'est avant tout la douleur de ne pas se sentir « comme les autres ». Ayant pour à peu près seule et unique occupation de jouer avec son frère Eric et le chien de la famille dans la cour du garage de son père, elle ne parvient pas à s'épanouir vraiment, ressentant assez vivement le malaise de ses parents. En effet, de mère allemande et de père algérien, d'origine turque, ceux-ci « ont vécu en exilés, dit-elle et ne se sont jamais intégrés ». Petite fille, j'ai souffert énormément avec eux du racisme. »

Etes-vous incollable sur Isabelle Adjani?

1 In which month was she born?
2 What was her father's job?
3 Where did she play with her brother?
4 What was the nationality of her mother and father?
5 How did she do at school?
6 When she was 14 what did she dream of becoming?

14

▌ Pierre et Saïd

En France il y a pas mal de gens qui sont originaires d'autres pays. Voici deux types très sympa: Pierre et Saïd. Ecoutez-les pendant qu'ils répondent à quelques questions d'ordre personnel. Essayez de trouver les faits suivants sur la vie des deux hommes:

— ce qu'ils aiment boire
— le nombre de fois qu'ils ont fréquenté ce bar
— ce qu'ils disent du barman
— ce qu'ils font en France
— leurs pays d'origine
— le temps qu'ils ont déjà passé en France
— ce que Pierre veut faire à la fin de son séjour en France.

Excuse-moi, je n'ai pas de photo!

Votre correspondant(e) vous a demandé votre photo. Vous n'en avez pas en ce moment. Faites une description de vous-même. Choisissez dans les cases si nécessaire.

| Je suis | assez très | grand(e). petit(e). gros(se). mince. de taille moyenne. | Je porte | des lunettes. une bague. des boucles d'oreille. un collier. | A mon avis, je suis . . . actif(-ve) agréable aimable amusant(e) beau (belle) calme drôle gentil(-lle) honnête sérieux(-se) timide |
| J'ai les yeux J'ai les cheveux | | bleus. verts. marron. noirs. gris. roux. | | | |

◢ Travaillez avec un(e) partenaire. Imaginez que vous êtes un(e) autre élève de la classe. Décrivez-vous! Votre partenaire doit deviner qui c'est.

4 Votre famille

Le jeu des familles

Luc et Vanina sont mariés. Regardez cette photo de Luc et de son épouse Vanina avec leurs familles. Vanina l'a envoyée à sa correspondante canadienne. Elle a noté les noms de leurs parents.

Choisissez six des parents de Luc et de Vanina. Décrivez chacun d'eux en français.

Exemples:

Le neveu de Vanina s'appelle Joseph. Il est petit. Il a environ quatre ans. Il a les cheveux roux. Il semble (*seems*) timide. Il est mignon (*cute*).

La belle-mère de Vanina paraît (*appears*) heureuse. Elle a les cheveux noirs et courts. Elle porte des lunettes.
Elle est petite et assez grosse.

Quand vous aurez fini, décrivez-les à un(e) ami(e), sans mentionner les noms. Il (elle) doit deviner qui c'est!
— Il est petit. Il a environ quatre ans. Il a les cheveux roux. Il semble timide. Il est mignon.
— Euh . . . c'est Joseph le neveu de Vanina!

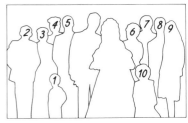

1 Mon neveu Joseph.
2 Mon grand-père
3 Ma grand-mère
4 Ma mère
5 Mon père
6 La mère de Luc (ma belle-mère)
7 Le père de Luc (mon beau-père)
8 Le frère cadet de Luc, Jacques
9 Ma sœur aînée, Marie
10 Ma nièce Yvette.

Identifiez-vous!

Ecoutez ces jeunes Français et répondez aux questions en anglais:

1 Delphine Berthonneau
  a How old is she?
  b Where does she live?
  c What's her favourite hobby?

2 Katia Lénogue
  a How old is she?
  b Where is Orléans-la-Source?
  c What is there to do at Orléans?

3 Olivier and Cécile Chereau
  a How old is Olivier?
  b In which month was he born?
  c How old is Cécile?
  d Where is Olivet?
  e What does Olivier think about the climate of Olivet?

  f What is there to do at Olivet?
  g How long has Cécile been riding horses?
  h How long has Olivier been playing tennis?
  i Which sport does Olivier like watching?

4 Géraldine Métais
  a Why does Géraldine like living at Olivet?
  b What is there for young people to do?

5 Marie-Christine Triboulat
  a How old is Marie-Christine?
  b What is the Massif Central?
  c What's the climate like?
  d Of what nationality are most of the tourists?

Mijanou a 15 ans. Lisez ce qu'elle a écrit au sujet de sa voisine,
Sidonie, 83 ans.

MON ETRANGE VOISINE

Je la voyais toujours derrière les rideaux de sa fenêtre. J'en faisais des cauchemars ... Aujourd'hui il n'y a plus personne ... et je m'aperçois qu'elle me manque.

Jeune mariée, Sidonie avait vu partir son mari en 1939 comme beaucoup d'autres. Il n'était jamais revenu. Depuis elle ne sortait plus guère qu'une fois par jour, pour ses petites courses.

Et toujours seule. Si seule, vous ne pouvez pas savoir! Elle dégageait une telle impression de tristesse et de solitude que les enfants, même, la fuyaient. Elle leur faisait peur. «Si tu n'es pas sage, Sidonie va venir te prendre!» Ma mère le disait déjà quand j'étais toute petite.

Un soir, cependant, j'eus une longue conversation avec elle. C'était il y a quelques jours. Je lui avais remis son courrier; une lettre de la mairie.
— Il est bien mignon, le jeune homme auquel je t'ai vu parler ... Elle avait aperçu Christophe. Et mes parents n'étaient pas au courant! Elle allait leur dire, c'était certain.
— Mais non, ajouta-t-elle. Ne crains rien. Viens plutôt me raconter. Ce doit être une belle histoire d'amour, non? Rentre, je vais t'offrir un biscuit.

— Tu vois, j'habite ici depuis la mort de mon mari. Tous ces meubles nous les avions achetés ensemble. Je suis seule maintenant. J'aurais aimé avoir une petite-fille comme toi.

Elle me raconta sa vie, son amour fou pour son mari, son départ pour la guerre. Elle me montra les photos écornées d'un jeune soldat, avec de grosses moustaches.

— Alors, continua-t-elle, tu penses bien que te voir avec ce jeune homme, tout à l'heure, m'a rappelé tous ces souvenirs! Aime-le. C'est la seule chose qui compte dans la vie: s'aimer ...

Il faisait nuit lorsque je la quittai. Le lendemain matin, je fus surprise par le klaxon de l'ambulance: Sidonie avait eu une attaque dans la nuit.

Répondez aux questions en anglais:

1 Since the death of her husband Sidonie only went out once a day – to do what?
2 What did Mijanou's mother used to tell her about Sidonie?
3 The evening that Sidonie and Mijanou had the long conversation, why had Mijanou gone up to see the old lady?
4 What was Mijanou frightened of her parents finding out?
5 What did Sidonie talk to Mijanou about?
6 Describe the photo that Sidonie showed to her.
7 What did Sidonie think was the only important thing in life?
8 What surprised Mijanou the next day?

A côté de chez vous

Faites une description de vos voisins pour envoyer à un(e) correspondant(e).

Exemple:

A gauche de chez nous habite la famille Morton. Cette famille se compose de trois personnes. M. Morton est de taille moyenne. Il est très aimable. Il travaille à une station-service. Il est pompiste. Mme Morton . . .

Bonjour

le 24 novembre

Chère Véronique

J'habite à la Longine dans l'est de la France. Ce petit village se trouve au pied des Vosges, il se trouve à 5 kms de Fauuogney. C'est là que je vais à l'école. Ce petit collège ne contient que 250 élèves. J'ai une super-bonne copine Fabienne. Elle travaille bien en anglais et moi, ça va, je me débrouille pas mal. Dans notre classe, nous sommes 27. Demain nous allons avoir des vacances. Les vacances de la Toussaint. C'est une fête que célèbrent les catholiques. Mes frères et soeurs sont très gentils. J'ai 2 soeurs et 1 frère. Mes passe-temps sont le cross et la moto. Mon prof d'anglais est Mme Bastide. Elle est super-sympa. Plus tard je voudrais être institutrice. Mes acteurs préférés sont Alain Delon, Jean-Paul Belmondo. Mon groupe préféré est TELEPHONE.

Bye Bye
Salut
Valérie

Read this letter from Valérie and answer the questions below:

What could you tell an English-speaking friend about:

1 la Longine?
2 Valérie's school?
3 her best friend?
4 'tomorrow'?
5 her family?
6 her hobbies?
7 her teacher?
8 her ambition?
9 her favourite stars?

5 La famille et les animaux

faire gaffe take care, watch out

Leur famille, leurs animaux

Ecoutez ces jeunes qui parlent de leur famille et de leurs animaux.

un poisson d'eau douce a fresh-water fish
une poule a hen
une colombe a dove

1 a Write down as much as you can about Fleur's sisters.
 b What pets does she have?

2 a What do you learn about Armel's brother?
 b What pets does he have?

3 a Write down as much information as possible about Sylvain's brothers and sisters.
 b What pets does he have?

4 a Write down as much as you can about Blandine's brothers and sisters.
 b What pets does she have?

5 a Write down as much as you can about André's brothers and sister.
 b What pets does he have?

6 a What do you learn about Jean's brother and sister?
 b What pets does he have?

Vous avez un animal?

— Oui, j'ai un poisson rouge. Il s'appelle Xavier. Il a six mois. Il est tout petit. Naturellement, il est rouge!
— Non, mais j'aime beaucoup les animaux. J'aimerais avoir un cheval.

Et *vous*? Vous avez un animal?

un cheval

un cobaye

un serpent

un chat

une perruche

une tortue

un chien

un poisson rouge

un perroquet

un lapin

une souris

une chèvre

Définition d'animaux

Voici des descriptions d'animaux. C'est à vous de décider quel animal on décrit dans chaque cas.

1 Il existe un grand nombre de races de cet animal. Il peut vivre au maximum 20 ans. Il est très utile pour garder une maison ou pour aller à la chasse. **C'est le . . .**

2 C'est un oiseau de grande taille. Il a un plumage très coloré et peut répéter des sons faits par un être humain. Il se trouve beaucoup en Amérique tropicale.

3 Il est petit. Il vit dans l'eau.

4 Il vit dans des régions chaudes. Il n'a pas de pattes! Il est quelquefois très long. Il peut être vénimeux.

5 On peut manger cet animal. Il vit sous la terre. Il peut peser 10 kg. Il a de longues oreilles.

6 C'est un petit oiseau vivant dans toutes les régions chaudes et recherché comme oiseau d'appartement pour les couleurs de son plumage.

7 C'est un petit animal qui est familier dans les maisons. On dit qu'il aime le fromage mais je ne sais pas si c'est vrai!

8 Cet animal est grand. On peut lui monter dessus. Il est très adapté pour la course. On le mange quelquefois en France.

9 Il est assez petit et beau. Il miaule. Si vous avez des souris dans votre maison, achetez cet animal. Il aime les chasser.

10 Cet animal marche très lentement. Il porte sa maison partout où il va!

11 Il est originaire d'Amérique du Sud. Il est assez petit mais plus grand qu'une souris. Il n'est pas vraiment *un cochon* mais il est aussi appelé *cochon d'Inde*.

12 C'est un animal de taille moyenne. On fait du fromage de son lait. Les mâles ont souvent une barbe.

Majid et Frédéric – famille et animaux

1 How many brothers and sisters has Majid?
2 How long have his parents lived in France?
3 Does he have a bedroom to himself?
4 How many brothers and sisters does Frédéric have?
5 What details do the two boys give about their parents?
6 What jobs do their parents do?
7 What animals do Majid and Frédéric have?

Corinne et Sévrine – famille et animaux

1 How many people are there in Corinne's family?
2 What animal does she have?
3 Where does Sévrine live?
4 What do her parents do to earn their living?
5 What do they sell?
6 What does Sévrine do to help them?
7 How does Corinne help her mother?

Le hamster

Voici des mots utiles:

peu encombrant not cumbersome,
 not in the way
peu de soins not much looking after
élever to raise, to rear
une graine a seed
mordre to bite
s'acharner to go for
les menottes small hands
s'éveiller to wake up
un câlin a cuddle
l'espérance de vie the life expectancy

le hamster

Vous voudriez bien avoir un animal, peu encombrant et ne réclamant que peu de soins : le hamster est celui qu'il vous faut. De petite taille, le hamster est un animal de compagnie très facile à élever. Il se nourrit de graines. Attention à vos doigts les premiers temps, car il a tendance à mordre et ses petites dents pointues s'acharneront volontiers sur vos menottes. Le hamster est un animal nocturne, c'est-à-dire qu'il dort toute la journée roulé en boule pour ne s'éveiller qu'à la nuit tombante. Si vous rêvez de gros câlins, il faudra vous coucher tard. L'espérance de vie du hamster ne dépasse pas trois ans, et bien qu'en principe ils ne doivent pas sortir à l'extérieur, le hamster s'amusera très bien dans un jardin... la nuit venue. Le prix d'un hamster varie entre 40 et 50 F.●

Dites-le à votre correspondant(e)

Vous aimez les animaux? Vous en avez un?
Ecrivez un paragraphe à un(e)
correspondant(e). Dites-lui ce que vous pensez
des animaux. Décrivez vos propres animaux
ou ceux que vous aimeriez avoir. Voici des
expressions pour vous aider:

Je me passionne pour les animaux, surtout . . .
Les oiseaux me plaisent.
J'ai un perroquet qui s'appelle . . .
J'ai un cobaye qui a . . . ans.
J'aimerais avoir un cheval . . .
mais c'est trop . . .
mais nous n'avons pas assez de place . . .
Une souris se nourrit de . . .
Le hamster est un animal nocturne.
Mon chien est noir et blanc.
Notre chat dort . . .
Nous avons un grand aquarium plein de . . .
une niche
une cage

Un gag

Le gardien d'un zoo est en larmes. L'hippopotame vient de mourir ! Le pauvre homme n'arrive pas à retenir ses sanglots. Le directeur mis au courant vient le voir et essaie de le consoler :
— Cher collègue, voyons. Remettez-vous ! Vous étiez donc si attaché à cet hippopotame ?
— Pas du tout répond le gardien, c'est pas à cause de la mort de l'hippopotame que je pleure. C'est en pensant au trou qu'il va falloir que je creuse...

23

6 Chez vous

◢ Vous vous amusez bien?

Expliquez à un(e) ami(e) ce que vous faites pour vous amuser.

Le soir je . . .

Le week-end je . . .

Ensuite, changez de partenaire. Posez des questions à votre nouveau (nouvelle) partenaire:

Tu aimes faire de la gymnastique? Tu joues de la guitare? Tu vas souvent en boîte?

◢ Le temps libre

1 a What does the boy do when he has finished his homework?
b Does he like reading?
c What does he do at the weekend?

2 a What does the girl do after her homework?
b What does she do at the weekend?

3 a How does the boy spend his evenings?
b What does he do at weekends?
c Which sport does he like?

◢ Parle-moi de ton domicile

J'ai horreur de . . . I hate
tondre le gazon to mow the lawn

Ecoutez ces gens qui parlent de leur domicile.
Notez les détails suivants en anglais:
House or flat?
Size?
Where is it?
What housework do the people do?
Do they have a garden?
Do they do any gardening?

La maison de rêve de Jean-Mary

Il y a peu de temps Jean-Mary Court (*voir photo*) a acheté une vieille maison en ruines, près de Bressuire. Il a mis deux ans à réparer cette maison avec l'aide de quelques amis.

1 When Jean-Mary first took over the house the only bit that could be lived in was divided into two rooms. What were they?
2 In which century does Jean-Mary believe the house was begun?
3 How long did it take Jean-Mary to do his sculpture?
4 Though he is good at sculpting wood, what does Jean-Mary say he cannot do?

C'est à vous!

Parlez de votre domicile à un(e) ami(e). Ces quelques mots et expressions pourraient vous être utiles. Choisissez bien!

J'habite	un	(très) (assez)	grand petit	appartement	de	deux trois	chambres	au centre-ville. en ville.
	une	(très) (assez)	petite grande	maison				en banlieue. en montagne. à la campagne.

Chez moi je fais	la vaisselle. la lessive. la cuisine. les lits. tout le ménage. du jardinage.	Je	passe l'aspirateur. mets les couverts. débarrasse la table. nettoie ma chambre. lave la voiture.

Dites-le à votre correspondant(e)

Ecrivez un paragraphe dans lequel vous décrivez votre domicile et ce que vous faites pour aider chez vous.

Majid et Frédéric – leur maison

1 What does Majid say about his house?
2 What do Majid and Frédéric do to help at home?
3 Why doesn't Frédéric do any gardening?
4 Make a list of the fruit and vegetables grown in Majid's garden.

Une journée typique

Complétez les phrases suivantes pour décrire une de vos
journées typiques.

Je me lève à . . . Les cours commencent à . . . Je fais mes devoirs . . .

Au petit déjeuner, je prends . . . Je prends le déjeuner à . . . Quelquefois je sors. Je vais . . .

Je pars de chez moi vers . . . Le collège finit à . . . Je regarde la télé . . .

J'arrive au collège à . . . Je dîne à . . . Je me couche vers . . .

"ON ME PREND POUR "LA BONNE A TOUT FAIRE"

Le 15 novembre, nous sommes arrivées à « Victoria Station » où les familles nous attendaient. Le premier jour on m'a dit (en anglais bien sûr, mais moi je vous le raconte en français) : « Le matin à 7 heures, vous préparerez le petit déjeuner pour les trois enfants de 10 ans, 7 ans et 2 ans. Puis vous irez à vos cours, ils ont lieu de 9 à 11 heures. Et l'après-midi, vous vous occuperez de la petite dernière, celle qui a 2 ans. Naturellement c'est vous qui assurerez l'entretien de votre chambre. » Ma foi, ça me semblait correct. Mais au fil des jours, la mère des enfants a commencé à me demander de faire le repassage, puis le ménage et ainsi de suite. Tant et si bien que maintenant je suis pratiquement la bonne à tout faire. Mes journées sont très chargées : petit déjeuner, école, ménage... Quand

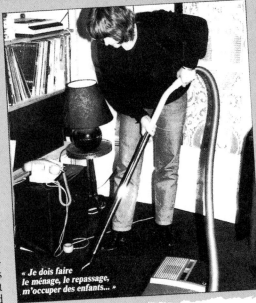

« Je dois faire le ménage, le repassage, m'occuper des enfants... »

le soir arrive, je suis tellement épuisée que je n'ai plus ni le courage ni la force de faire mes devoirs. Résultat : je perds pied, je ne comprends rien, et il m'arrive même de ne plus écouter du tout les cours. Si encore l'ambiance était sympa ! Mais non, pas du tout.

« Elle ne m'adresse la parole que pour me donner des ordres »

C'est à peine si la maîtresse de maison me parle. Tiens, j'ai failli écrire ma patronne, parce qu'en vérité elle se comporte à mon égard comme une véritable patronne. Elle ne m'adresse la parole que pour me donner des ordres ou critiquer ce que j'ai fait si elle estime que c'est mal fait. Tous les soirs dans ma chambre, je pleure de rage.

une bonne à tout faire a maid-of-all-work

Gladys est fille au pair à Londres – mais elle n'en est pas contente!
Lisez le passage et répondez en anglais.

1 What date did Gladys arrive?
2 What was she told she would have to do at 7 a.m.?
3 When would her lessons take place?
4 What would she do in the afternoon?
5 As time went on what else was she asked to do?
6 What can't she now do in the evenings because of tiredness?
7 How does the woman of the house treat her?
8 As a result of this what does she end up doing each evening?

Leur journée typique

Ecoutez maintenant ces jeunes gens qui parlent, eux aussi, d'une journée typique. Quelles différences remarquez-vous avec la vôtre?

Ce que Blandine a fait hier

1 Where did Blandine go yesterday?
2 What did she do in the morning?
3 What time did she eat?
4 What did she have?

5 What did she do in the afternoon?
6 What time did she get home?
7 What did she do in the evening?
8 What time did she go to bed?

Ecoutez Blandine, puis racontez ce que vous avez fait hier en utilisant quelques-unes de ces expressions, si nécessaire.

Je me suis levé(e) . . .
Au petit déjeuner, j'ai pris . . .
J'ai quitté la maison vers . . .
Je suis allé(e) . . .

Je suis arrivé(e) . . .
J'ai déjeuné . . .
Je suis sorti(e) . . .
J'ai fait mes devoirs . . .

J'ai regardé la télé . . .
J'ai écouté des disques . . .
Je me suis couché(e) . . .

Qu'est-ce qu'ils veulent dire?

Ces gens, qui logent chez des Français, ne peuvent pas trouver les mots qu'ils cherchent. Aidez-les! N'oubliez pas: «s'il vous plaît».

1 Je peux aller aux . . .

2 Je peux vous aider? Je peux . . .

3 J'ai besoin d'. . .

4 Il me faut du . . .

5 Il n'y a pas de . . .

6 Merci pour le . . .

7 Puis-je . . .

8 Est-ce que je peux . . .

7 Le climat

Quel temps fait-il?

Il fait du soleil.   Il fait de la brume.
Il fait du vent.   Il pleut.
Il neige.   Il fait chaud.
Il fait du brouillard.   Il gèle.
Il y a des nuages.   Il fait de l'orage.
Il fait froid.

Les quatre saisons

Quel temps fait-il chez vous en hiver? au printemps? en été? en automne?

Exemple:
Chez nous en Ecosse il fait très froid en hiver. Il gèle et il neige.
Au printemps, il fait plus chaud. Il pleut assez souvent . . . etc.

🔊 Voici la météo

Ecoutez ces quatre bulletins météo. Dans chaque cas, notez **1** les températures, **2** le temps prévu pour le nord *et* le sud du pays.

Quel temps va-t-il faire?

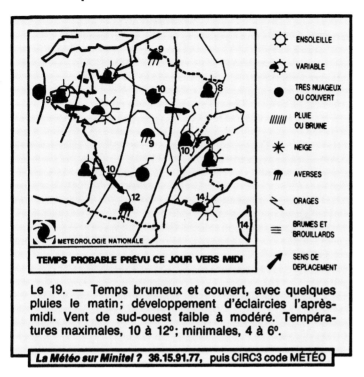

TEMPS PROBABLE PRÉVU CE JOUR VERS MIDI

Le 19. — Temps brumeux et couvert, avec quelques pluies le matin; développement d'éclaircies l'après-midi. Vent de sud-ouest faible à modéré. Températures maximales, 10 à 12°; minimales, 4 à 6°.

La Météo sur Minitel ? 36.15.91.77, puis CIRC3 code MÉTÉO

1 It will be 12 degrees near to the Spanish border. What other details can you give about the weather there?

2 Look at the written forecast.
  a What will the weather be like in the morning?
  b Which direction will the wind come from and how strong will it be?

Aujourd'hui

Lisez la météo. Expliquez à un(e) ami(e) qui ne comprend pas le français le temps qu'il fera aujourd'hui.

sous abri in the shade
au sol on the ground

MÉTÉO

Aujourd'hui, temps faiblement perturbé avec passages nuageux suivi d'éclaircies plus durables au cours de l'après-midi ; rares ondées ; vents de Nord-Ouest modérés puis d'Ouest à Sud-Ouest faibles à modérés.
Températures minimales prévues sous abri, 4° ; au sol, 3° ; maximales, 11°.
Températures relevées hier : minimale sous abri, 3°7 ; au sol, 3°2 ; maximale, 9°4.
Diffusion des prévisions météorologiques : tél. 48.50.72.00.

Télé-météo

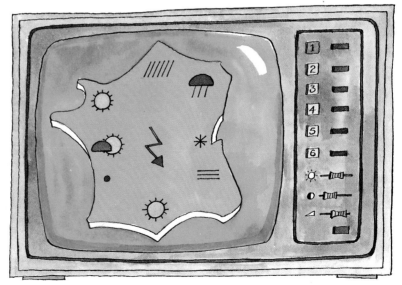

Décrivez le temps qu'il va faire demain.

Exemple:
Dans le nord-est de la France il y aura des averses.

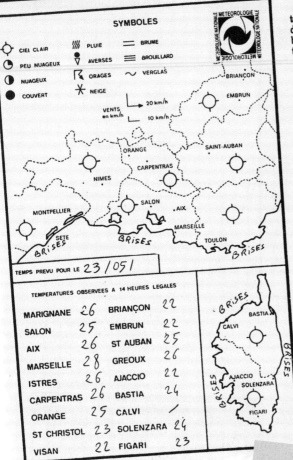

MÉTÉO

SYMBOLES

Symbol		Symbol		Symbol	
☼	CIEL CLAIR	⫻	PLUIE	≡	BRUME
◑	PEU NUAGEUX	▽	AVERSES	≡	BROUILLARD
◑	NUAGEUX	⌐	ORAGES	∼	VERGLAS
●	COUVERT	✳	NEIGE		

VENTS en km/h → 20 km/h → 10 km/h

BRIANÇON · EMBRUN · SAINT-AUBAN · ORANGE · CARPENTRAS · NIMES · SALON · AIX · MARSEILLE · MONTPELLIER · SÈTE · TOULON

BRISES

TEMPS PREVU POUR LE 23 / 05 /

TEMPERATURES OBSERVEES A 14 HEURES LEGALES

MARIGNANE	26	BRIANÇON	22
SALON	25	EMBRUN	22
AIX	26	ST AUBAN	25
MARSEILLE	28	GREOUX	26
ISTRES	26	AJACCIO	22
CARPENTRAS	26	BASTIA	24
ORANGE	25	CALVI	/
ST CHRISTOL	23	SOLENZARA	24
VISAN	22	FIGARI	23

BRISES — BASTIA · CALVI · AJACCIO · SOLENZARA · FIGARI — BRISES

Prévision pour aujourd'hui

Sur Corse-Provence-Alpes. Beau temps ensoleillé et chaud après dissipaton de quelques formations brumeuses matinales surtout côtières.

Vent variable faible, brises cotières.

Les températures maximales seront comprises entre 24 et 28° près du littoral s'élevant jusqu'à 30° dans l'intérieur.

Spécial plaisance de Port Camargue à La Ciotat

Ciel dégagé. Vent variable, faible le matin, brises l'après-midi, froce 3 à 4 soit 7 à 16 nœuds, mer belle.

Littoral Corse

Ciel dégagé. Vent variable faible le matin sur la côte orientale, de composante ouest sur la côte occidentale. Brises l'après-midi sur l'ensemble du littoral, force 2 à 3 sur la côte orientale et 3 à 4 sur la côte occidentale. Mer belle, localement peu agitée.

Evolution pour le samedi 24 mai

Persistance du beau temps. Vent généralement variable et faible avec brises cotières. Renforcement temporaire du vent d'ouest nord-ouest, dans la basse vallée du Rhône et sur les côtes provençales. Les températures évolueront peu. En Corse, peu de changements par rapport à la veille.

Probabilité pour le dimanche

Beau temps le matin devenant plus lourd et passagèrement nuageux en soirée.

Rubrique établie avec le support technique de la Météorologie Nationale.

1 What will be a feature of the weather along the coast from Sète to Toulon?
2 Which was the hottest town the day before?
3 Look at the written forecast. What will the sea be like near to Corsica?
4 What is the forecast for Sunday?

Attention orage!

1 What is a **compteur électrique**?
2 **Un isolant** is an insulator – something which stops you getting an electric shock. Give two examples of **insulators** from the article.
3 List five ways of making sure you are safe in a storm.

attention orage !

Pour éviter tout accident en cas d'orage (surtout si vous vivez en dehors d'une grande ville) : il est recommandé de fermer le compteur électrique de l'appartement ou de la maison. Si ce sont vos parents qui le font, dites-leur d'interposer un isolant sous leurs pieds avant de toucher le compteur. Par exemple, qu'ils montent sur un petit banc ou sur un tabouret en bois. Cessez d'utiliser tout appareil électrique (fer à repasser, mixer, etc.). Débranchez le téléviseur, à cause de l'antenne. Débranchez le réfrigérateur. Evitez de téléphoner. Ne restez pas à côté d'une cheminée, de fils électriques et évitez les courants d'air.

On parle du temps

Une habitante de Carcassonne et une habitante de Vannes parlent du temps qu'il fait chez elles:

1 In which part of France is Carcassonne?
2 What is the weather like in spring in Carcassonne?
3 What effect does that have on the woman?
4 What is the weather like in Vannes in the spring?
5 What is it like in Carcassonne in the summer?
6 Which summer do the inhabitants of Vannes remember as being particularly hot?
7 What is it like in Carcassonne in winter?
8 What is surprising about Vannes?
9 Which season do the women like the most?

Dites-le à votre correspondant(e)

Ecrivez un paragraphe à un(e) correspondant(e). Décrivez le temps qu'il fait en ce moment chez vous; et le temps qu'il fait d'habitude chez vous en hiver, au printemps, en été et en automne. Posez-lui des questions sur le climat de sa région de France.

Le miracle de la neige

Vous aimez la neige? La plupart des petits enfants aiment la neige parce que lorsqu'il neige ils peuvent faire des bonshommes de neige, jeter des boules de neige et faire des glissades ou de la luge. Il y a, en plus, pas mal d'adultes qui se passionnent pour le ski et d'autres sports d'hiver.

Parce contre, il y a beaucoup de gens pour qui la neige ne représente qu'une série de problèmes ... par exemple les fermiers. Lisez donc 'le miracle de la neige' ...

Comment expliquer à un(e) ami(e) qui ne comprend pas le français ce qui s'est passé? Il y aura, peut-être, des mots ou des expressions que vous ne comprendrez pas vous-même, mais essayez de les deviner en utilisant le contexte pour vous aider.

le miracle de la neige

Après une énorme tempête de neige un fermier du Cheshire (Grande-Bretagne) avait perdu deux de ses brebis qui étaient pleines. Un mois plus tard, John Bowler a retrouvé les deux pauvres bêtes en piteux état certes mais vivantes, ainsi que les petits qu'elles attendaient ! Le vétérinaire appelé aussitôt estima qu'elles avaient survécu en se nourrissant de la neige qui les recouvrait ! Un vrai miracle. ●

8 Votre région

Une visite guidée

Le père de Jean-Mary Court habite à Melle, une assez petite ville, pas loin de Poitiers. Ecoutez, il va nous faire visiter la ville dont il est si fier!

Eglise St Savinien
1 When was it built?
2 What was it used for at one time?
3 What is it used for mostly now?

L'hôpital
1 What was there before the hospital?
2 What is going to happen to the hospital in the near future?

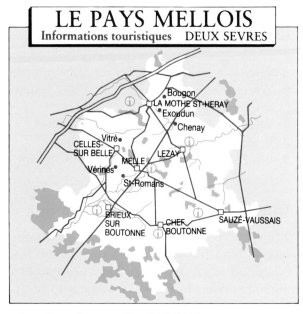

Le circuit en vélo de M. Court
1 What distance did M. Court cover on his bike that Sunday morning?
2 What is produced at La Mothe St Héray?

La place du marché
1 Tomorrow is market day. What will happen to the 'place du marché'?
2 What will be sold in the market hall?
3 What will be sold on the high part of the market square?

Qu'est-ce qu'il y a d'intéressant dans votre région?

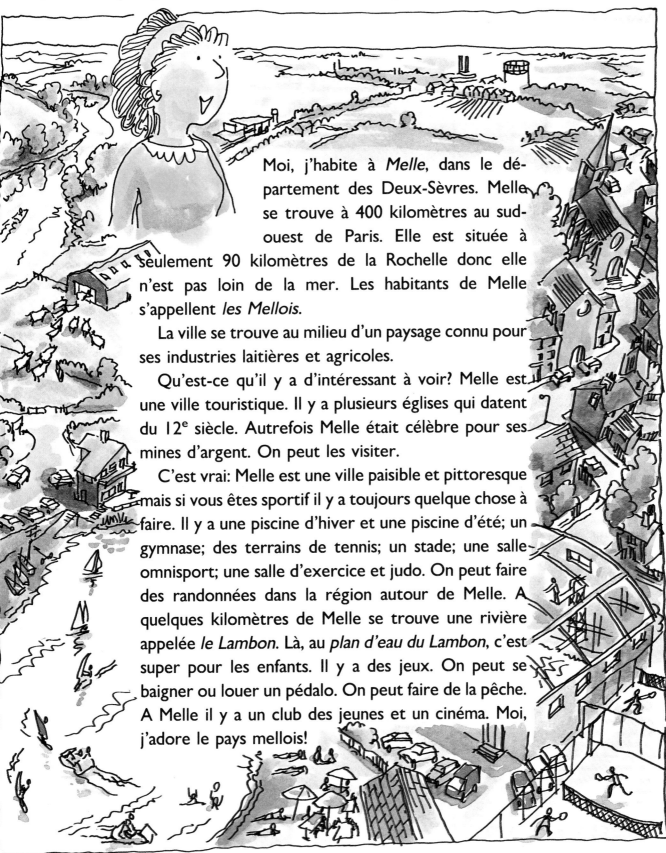

Moi, j'habite à *Melle*, dans le département des Deux-Sèvres. Melle se trouve à 400 kilomètres au sud-ouest de Paris. Elle est située à seulement 90 kilomètres de la Rochelle donc elle n'est pas loin de la mer. Les habitants de Melle s'appellent *les Mellois*.

La ville se trouve au milieu d'un paysage connu pour ses industries laitières et agricoles.

Qu'est-ce qu'il y a d'intéressant à voir? Melle est une ville touristique. Il y a plusieurs églises qui datent du 12e siècle. Autrefois Melle était célèbre pour ses mines d'argent. On peut les visiter.

C'est vrai: Melle est une ville paisible et pittoresque mais si vous êtes sportif il y a toujours quelque chose à faire. Il y a une piscine d'hiver et une piscine d'été; un gymnase; des terrains de tennis; un stade; une salle omnisport; une salle d'exercice et judo. On peut faire des randonnées dans la région autour de Melle. A quelques kilomètres de Melle se trouve une rivière appelée *le Lambon*. Là, au *plan d'eau du Lambon*, c'est super pour les enfants. Il y a des jeux. On peut se baigner ou louer un pédalo. On peut faire de la pêche. A Melle il y a un club des jeunes et un cinéma. Moi, j'adore le pays mellois!

◧ Ma ville

Ecoutez cette dame qui parle de sa ville: Vannes.

un feu d'artifice a firework display

1 In which part of France is Vannes?
2 How many people live there?
3 In ancient times, which people did the inhabitants of Vannes defeat at sea?
4 Suggest something in Vannes that tourists might find interesting.
5 On which date do the annual 'fêtes d'Arvor' take place?
6 What sorts of activities take place on that day?
7 What happens at the end of the evening?
8 How long is the gulf on which Vannes is situated?

Parlez-moi de votre région

Décrivez votre ville. Voici des expressions pour vous aider:

Ma ville	est située	à ... kilomètres de	Londres.
	se trouve	au nord de	Dublin, etc.
		au sud de	
		à l'est de	
		à l'ouest de	
		au nord-ouest de	
		au sud-est de	

C'est une ville	importante.
	historique.
	touristique.
	industrielle.
	agricole.
	commerciale.
	calme.
	charmante.
	paisible.
	pittoresque.
	tranquille.

A ... il y a	un château.
	une église.
	une cathédrale.
	un musée.
	un fleuve.

C'est une ville industrielle.

C'est une ville pittoresque.

On peut faire	du vélo.
	du patinage.
	des randonnées.

Ma ville c'est	beau.
	laid.

▌ On fait du tourisme

Cet homme vous parle du Gers, une région de la France.

1 Where in France is it?
2 The town he knows best is Marciac. What is there to visit in Marciac?
3 Where is the church in Marciac?
4 When is there a market in Marciac?
5 What is there every summer at Marciac?
6 How long does it last?
7 What activities does he suggest for the lake?

Dites-le à votre correspondant(e)

Ecrivez un paragraphe. Décrivez votre ville et ce qu'il y a à voir et à faire.

▌ Le pays mellois? J'adore

Véronique travaille au syndicat d'initiative de Melle. Son métier est de donner des renseignements sur la région autour de Melle (c'est-à-dire le pays mellois) aux touristes. Elle aime beaucoup son travail. Notez les détails suivants en anglais:

1 Why does she adore 'le pays mellois'?
2 What does she say the region is like for young people?
3 What can't you do without, if you live in Melle?

le cachet poitevin   the Poitou 'trademark' (Poitou is the region of France which contains Melle)

Venez chez nous!

Faites un poster touristique (comme celui de la page 33) sur votre ville ou village.

9 La nourriture et les boissons 1

Oui, je suis très gourmand(e)

1 What does Jessie like best?
2 Who invented it?

JESSIE GARON

Alors moi, je suis sûr de t'étonner. Connais-tu le sandwich à la banane flambée? C'est un truc que j'ai inventé et c'est vraiment génial. Manges-en un, tu m'en diras des nouvelles.

1 Which part of a meal does François look forward to most?
2 Give some examples of his favourites.

FRANÇOIS VALERY

Les desserts ça me rend vraiment dingue. Pendant les repas, j'ai hâte de les voir arriver sur ma table. Alors là, je ne me prive pas... crois moi, surtout quand ils sont au chocolat: charlottes, mousses, éclairs etc... Je décolle complètement.

MADER

L'une de mes passions, c'est la cuisine. Quand j'invite des copains à la maison, c'est moi qui prépare les repas. Ma grande spécialité c'est la «fajohada», une spécialité brésilienne bourrée de haricots noirs. C'est un vrai régal. On s'en met plein la lampe. Je t'assure qu'il ne reste plus un haricot au fond de la marmite.

1 What does Mader enjoy doing?
2 Which country does 'la fajohada' come from?
3 What is its main ingredient?

Complétez en introduisant le nom d'une des vedettes:

...... aime manger à la brésilienne.

...... mange très vite pour arriver à ce qu'il aime le plus.

...... a créé quelque chose d'assez bizarre.

▊ La bouffe!

«La bouffe», ça veut dire les boissons et la nourriture. Ecoutez ces gens qui parlent de ce qu'ils aiment et de ce qu'ils n'aiment pas en ce qui concerne la nourriture. Notez ces détails en anglais:
a What they like, **b** What they don't like, **c** Any reasons they give.

Vous aimez manger? Vous aimez boire?

de l'ananas   du boeuf   des cerises   du cidre

des crêpes   des crudités   des framboises   des fruits de mer

du riz   des champignons   du lapin   de la mayonnaise

du melon   de la moutarde   du sel et du poivre   des sardines

Discutez de la nourriture avec un(e) ami(e). Voici des
expressions pour vous aider:

Que	penses-tu pensez-vous	du cidre? de la mayonnaise? des crêpes?	Je	l' les	adore aime	bien beaucoup mieux	parce que c'est	délicieux. doux (sweet, mild). piquant (sharp). salé (salty). sucré (sweet).
Ça	te plaît vous plaît	l'ananas? la moutarde? le poivre?	Je	le la les	déteste			
Tu aimes Vous aimez		les framboises? les fruits de mer?	Je ne	l' les	aime pas			
Tu n'aimes pas Vous n'aimez pas		le melon? le sel?						

▐ Vive la différence!

Ecoutez ce jeune Français qui parle des repas français par rapport aux repas anglais. Notez en anglais les différences qu'il a remarquées. Vous êtes d'accord?

Complétez!

D'habitude je prends le petit déjeuner à . . .
Je mange . . . et je bois . . .
Chez nous le déjeuner a lieu à . . .

Le plus souvent je prends . . .
Je prends mon repas du soir vers . . .
Je mange . . . et je bois . . .

▐ Une spécialité régionale

1 Le magret de canard

le canard the duck
l'ail garlic

a Which part of France is this dish from?
b What is eaten with it?
c What is drunk with it?

2 Les calissons d'Aix

la pâte d'amandes almond paste

a Apart from the almond paste what is the *calisson* made from?
b What is the almond paste flavoured with?

3 La choucroute

a What is the main ingredient of *choucroute*?
b What is added to it?
c What is drunk with it?

4 Le fard breton

un pruneau a prune
le four the oven

a What is it made from?
b When is it at its best?
c What is drunk with it?

La bonne description

Regardez les images. Choisissez la bonne description pour chaque image:

a C'est du poisson avec des frites. Ça se vend partout en Grande Bretagne.

b C'est des saucisses avec de la purée de pommes de terre et des petits pois.

c C'est du poulet avec du curry. On mange ça avec du riz.

d C'est du bœuf coupé en morceaux avec toutes sortes de légumes: des carottes, des oignons, des pommes de terre, par exemple. On cuisine ça dans une casserole.

e C'est une tranche de pain grillé avec des haricots blancs à la sauce tomate.

f C'est du chou-fleur cuisiné dans une sauce au fromage.

Que pensez-vous de tous ces repas? Dites-le à un(e) ami(e).

Exemple:
Les haricots blancs? Je ne les aime pas. La sauce tomate est trop sucrée pour moi.

Bon pour la santé?

Savez-vous si les choses que vous mangez sont bonnes ou mauvaises pour la santé? Faites deux colonnes sur votre papier: **Bon pour la santé**; **Mauvais pour la santé**. Mettez les aliments suivants dans une colonne:

le café/l'eau/le pain/le bifteck/le poulet/la crême/le beurre/le chocolat/les bonbons/le jus de fruit/le vin/le riz/les haricots verts/le poisson/les frites/les pâtisseries

Discutez vos réponses avec vos ami(e)s et votre professeur – en français, naturellement:
— Moi, je pense que le riz est bon pour la santé.
— Moi, je suis d'accord.
— Moi, je pense que le poisson est mauvais pour la santé.
— Je ne suis pas d'accord.

Dites-le à votre correspondant(e)

Ecrivez un paragraphe dans lequel vous parlez de la nourriture: ce que vous aimez et ce que vous n'aimez pas; vos repas favoris; les heures des repas chez vous.

10 La nourriture et les boissons 2

Qu'est-ce qu'ils veulent dire?

Choisissez une phrase pour chaque image.

a Nous prenons le menu à soixante-dix francs, s'il vous plaît.

b C'est quoi le potage?

c Des cerises, s'il vous plaît.

d Pas de frites pour moi.

e Apportez-nous une bouteille de vin rosé.

f Un petit peu plus de petits pois, s'il vous plaît.

g Nous sommes trois.

h Le service est compris?

i Santé!

j Qu'est-ce que vous avez comme dessert?

k L'addition, s'il vous plaît.

◧ Leurs plats préférés

Delphine et Katia parlent de leurs plats préférés.

1 What food does Delphine like best?
2 What is her favourite dessert?

3 What does Katia prefer to drink?
4 What is her favourite dish?
5 Which vegetable does she like?

◧ Le petit déjeuner au café «Le Pub»

Ce café se trouve à Melle. Le propriétaire est très sympa.

1 What drinks does the barman suggest?
2 What do the customers choose?
3 What do they eat?
4 One of the customers seems a little greedy. Why?

Les aventures de Hagar Dunor

1 What does the first Viking want to know?
2 What does the cook think he has found?
3 What has he really found?

4 What does the cook think about his fellow Vikings?

On mange bien au collège en France

Ce menu vient d'un collège à Faucogney, dans l'est de la France.

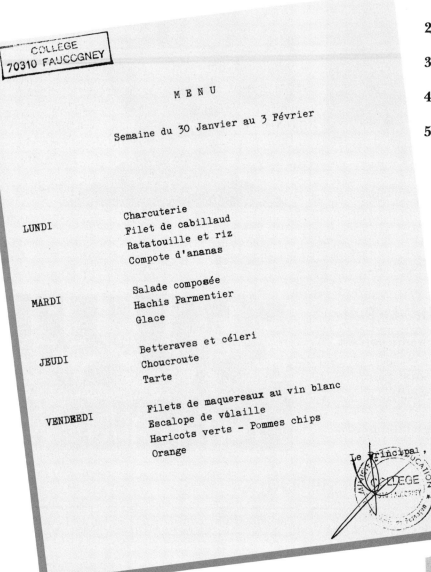

M E N U

Semaine du 30 Janvier au 3 Février

LUNDI
Charcuterie
Filet de cabillaud
Ratatouille et riz
Compote d'ananas

MARDI
Salade composée
Hachis Parmentier
Glace

JEUDI
Betteraves et céleri
Choucroute
Tarte

VENDREDI
Filets de maquereaux au vin blanc
Escalope de volaille
Haricots verts – Pommes chips
Orange

COLLÈGE
70310 FAUCOGNEY

1 Which fruit is Monday's dessert made of?
2 What is the dessert on Tuesday?
3 What is Friday's fish cooked in?
4 What are Friday's vegetables?
5 Give a reason why Wednesday is not included.

Chez vous on mange aussi bien au collège?

Composez un menu typique d'une semaine dans votre collège.

Ecrivez un paragraphe à un(e) correspondant(e). Dites-lui ce que vous mangez au collège. Est-ce qu'il y a des choses que vous aimez beaucoup, n'aimez pas ou détestez?

Collège :
Semaine du ... au ....
Lundi :
Mardi :
Mercredi :
Jeudi :
Vendredi :

◼ Au restaurant

1 How many people are eating?
2 Which menu do they choose?
3 What is in the soup?
4 How many people have steak?
5 Which vegetable is refused by one person?
6 What does one person ask for more of?
7 Make a list of the desserts that they have.
8 Do they have coffee?

Une carte postale

Vous avez mangé dans un très célèbre
restaurant français.
Complétez cette carte postale.

Le .. ..
Hier soir je suis allé(e) au .... H^{lle} Ponin Christine
C'était .... J'ai mangé .... 104 rue Terral
C'était .... J'ai bu............ 78120 Versailles
C'était .... Au dessert j'ai
pris .... C'était très cher : FRANCE
...... francs. J'ai quitté le
restaurant vers ...... et je suis
arrivé(e) chez moi à ....

◼ Les jeunes au café

Le propriétaire du «Pub» à Melle parle des
jeunes au café.

1 List as many as you can of the drinks that
   young people have.
2 How old do you have to be before you can
   drink alcohol in a French bar?
3 How old do you have to be before you can
   go into a bar?
4 How many times per year do the police
   check the bar?
5 What is the most serious punishment a
   bar owner can expect for serving people
   under age?

11 Entrée libre

Je l'ai vu dans la vitrine

a J'ai vu un sac à main noir dans la vitrine. Il est rectangulaire. Je pense que c'est en cuir.

b Je voudrais acheter des crayons de couleur. Vous en avez dans la vitrine dans un paquet bleu foncé en plastique. Je crois qu'il y a 12 crayons dans le paquet.

c Ce que je désire, c'est une grosse boîte d'allumettes que j'ai vue dans la vitrine. Elle est rouge avec une image de la tour Eiffel dessus.

d C'est du papier à lettres et des enveloppes. Vous avez trois couleurs: bleu, vert, blanc. Moi, je voudrais des blanches.

e Je cherche une jupe longue. Vous en avez une dans la vitrine que j'aimerais essayer. Elle est verte et en laine, je crois. Je fais du 42.

f Il me faut une paire de chaussures marron foncé comme celles que vous avez dans la vitrine. Elles sont en cuir véritable; pointure 42.

g Je veux une grosse bouteille de shampooing pour cheveux secs. Je ne me rappelle plus son nom. Il est vert.

h Je peux essayer une montre que vous avez en vitrine? Elle est carrée avec un bracelet en plastique jaune. C'est une solde à 60F 50.

i J'ai besoin d'une chemise blanche à manches courtes sans col. Je fais du 39. Je préfère en polyester et coton.

j J'aimerais essayer une robe bleue que vous avez en vitrine. Elle est bleu clair avec une ceinture en nylon noire. Je fais du 34.

k Oui, c'est un anorak vert clair avec deux poches à l'extérieur et une à l'intérieur.

l Il y a une petite bouteille de parfum dans la vitrine. Elle est ronde. C'est exactement ce que je cherche pour ma mère.

◢ Travaillez avec un(e) partenaire

Ayant trouvé la bonne description pour chaque article, étudiez toutes les descriptions pendant quelques minutes, puis travaillez avec un(e) partenaire pour inventer des conversations dans un magasin.

Le centre commercial

Vous voulez acheter un cadeau pour l'anniversaire de votre mère? Vous cherchez des vêtements bon marché (*cheap*)? Vous voulez faire les courses? Vous voulez manger ou boire quelque chose? Ou vous désirez, tout simplement, faire du lèche-vitrine (*window shopping*)? Venez donc au centre commercial. Là vous pouvez acheter de tout. Il y a toutes sortes de magasins et de boutiques. Racontez ce que vous avez fait pendant une visite à ce centre commercial:

A la boulangerie j'ai acheté ... Je suis allé(e) à la charcuterie pour acheter ... A la crémerie j'ai dû acheter ... J'avais mal à la tête, donc je suis entré(e) dans la pharmacie pour acheter ... En sortant de la pharmacie j'ai rencontré mon ami(e) et nous sommes allé(e)s prendre un verre au ...

Monsieur K

1 When will the sale take place?
2 What are the opening and closing times?
3 How many of each item would you have to buy to get the very low price?

How much would it cost for:
1 two pairs of faded jeans?
2 two pairs of socks?
3 two pairs of men's underpants?

Travaillez avec un(e) partenaire pour inventer une conversation où vous essayez d'acheter des vêtements.

46

❙ Pour faire des courses

1 Ecoutez cette jeune femme et faites une liste en anglais de tous les endroits où elle peut aller pour faire des courses.

2 **le lèche-vitrine** window shopping

Ecoutez ce jeune homme. Notez en anglais comment il fait ses courses et ce qu'il aime acheter.

❙ Ce qu'elles aiment porter

Voici des mots pour vous aider:

une bijouterie jeweller's shop
la mode fashion
à l'aise comfortable
les couleurs pastelles pastel colours
un peu de tout a bit of everything
un mélange a mixture
les couleurs dures harsh colours
les couleurs vives lively, bright colours

Notez les points suivants en anglais:
a What sort of clothes they like or don't like wearing;
b What colours they prefer;
c What the fashion is in France.

Travaillez seul(e) pour inventer un questionnaire sur les vêtements . . . posez des questions à vos amis sur les sortes de vêtements qu'ils (elles) veulent acheter, leurs magasins favoris et leurs couleurs préférées.

Le look Rita Mitsouko

Vu dans «Vitamine»

C'était le 7 janvier dernier. Une façon sur TF1 dans « Vitamine » de bien commencer l'année. Pascale, elle, adore le style Rita Mitsouko, un look un peu fou mais à adopter, pourquoi pas, pour sortir le soir avec un copain. C'est pourquoi elle a décidé de vous le présenter.

● QUE VOUS FAUT-IL ?
Du jean, une veste rouge si possible et bien sûr n'hésitez pas à fouiller dans vos placards, à aller aux Puces ou dans les boutiques de troc pour trouver d'autres éléments déments dignes du style Rita Mitsouko.

● UN IMPERATIF :
Des couleurs très voyantes, si vous portez une jupe mini, qu'elle soit vert pomme. Collants de danse fluo sur lesquels vous pourrez coller des pastilles autocollantes roses découpées dans du vinyle.
● A AJOUTER POUR COMPLETER VOTRE LOOK :
— des bottes 70 trouvées aux Puces, teintées en vert pomme avec une bombe.

Une tenue super pour les boums

LE LOOK RITA MITSOUKO

— des aiguilles à tricoter à glisser dans les cheveux.
— un superbe T. shirt, une petite folie achetée pour l'occasion, mais que vous pourrez porter tout le printemps et même l'été. T. shirt rose à fleurs (Jungle).

Find out what you can about Rita's way of dressing. Pay particular attention to:
1 the types of clothing she chooses.
2 the colours she likes.
3 what she does to her tights!
4 what she wears on her feet.
5 what she wears in her hair.

Dites-le à votre correspondant(e)

Ecrivez un paragraphe dans lequel vous parlez des magasins, centres commerciaux, etc. près de chez vous.

SUR LA ROUTE

ÉPICERIE

TOP D'OR FLODOR
Paprika - Napolitain - Bacon
Le kilo 39,78 F
Le lot de 3 tubes assortis
soit 225 g
8,95

CACAHUÈTES RONDELIS
Le kilo 14,40 F
Le sachet de 250 g
3,60

CORINETTES AZUR
Le kg 17 F
Le lot de 2 sachets
soit 500 g
8,50

GOUTERS FOURRÉS CHOCOLAT
Le kilo 9,94 F
Le lot de 3 paquets
soit 900 g
8,95

BARQUETTE LU
Framboise, Fraise ou Abricot
Le kilo 33,17 F
Le lot de 3 paquets
soit 300 g
9,95

CROUSTY CEREALE MIEL QUAKER
Le kilo 27,39 F
Le paquet de 325 g
8,90

U PATE A TARTINER
Le kilo 17,33 F
Le pot 750 g
13,00

CHICORÉE CAFÉ CIGOGNE JAUNE
Le kilo 49,75 F
Le bocal de 200 g
9,95

CHIPS VICO
Le kilo 17,72 F
Le paquet de 220 g
3,90

U RIZ LONG
Prétraité
Le sachet d'1 kilo
7,60

SAUCE LESIEUR Béarnaise, Tartare
Mousquetaire ou Rocambole
Le kilo 18,95 F
Le pot de 190 g
3,60

U MACÉDOINE DE LÉGUMES
Le kilo 6,25 F
La boîte 4/4 soit 560 g
3,50

MAÏS GRAINS USA DELMONTE
Le kilo 9,56 F
Le lot de 2 boîtes
soit 680 g
6,50

THON ENTIER AU NATUREL PÊCHEUR DE FRANCE
Le kilo 47,84 F
Le lot de 2 boîtes 1/4
soit 208 g
9,95

SARDINES HUILE VÉGÉTALE DU MAROC
Le kg 15,92 F
Le lot de 5 boîtes 1/4 Club
soit 625 g
9,95

COMBINÉ PATÉ OLIDA
Le kilo 21,05 F
Le lot de 6 boîtes 1/10
soit 468 g
9,85

ANANAS TRANCHES ENTIÈRES DOLE
Le kilo 7,55 F
Le lot de 3 boîtes
soit 1,317 kg
9,95

ALIMENTS POUR ANIMAUX

FIDO BOULETTES
Viande - Pâtes - Carottes
Le kilo 6,16 F
La boîte 3/2 soit 1,250 kg
7,70

FIDO BOULETTES POUR CHAT
Agneau - Légumes
Le kilo 8,74 F
Le lot de 3 boîtes 1/2
soit 1,230 kg
10,75

LIQUIDES

ORANGINA
Le litre 4,83 F
La bouteille Pet d'1,5 litre
7,25

PANACHÉ CHOPP
Le litre 6,18 F
Le pack de 10 × 25 cl
15,45

U BIÈRE
Le litre 4,80 F
Le pack de 10 × 25 cl
12,00

BIÈRE GOLD KANTER
Le litre 8,18 F
Le pack de 12 × 25 cl
24,55

VIN ROUGE DE PAYS DE L'AUDE
Le litre 6,64 F
Le lot
de 3 bouteilles de 75 cl
14,95

ROSÉ DE PROVENCE BILLETTE
Le litre 10,56 F
Le lot
de 2 bouteilles de 75 cl
15,85

PORTO 19°
Le litre 35,33 F
La bouteille de 75 cl
26,50

PASTIS FRANCINE RICARD 45°
La bouteille d'1 litre
57,35

WHISKY 12 ANS - 40°
Le litre 67,14 F
La bouteille de 70 cl
47,00

CROISSANTERIE

CROISSANTS PUR BEURRE PASQUIER
Le kilo 22,62 F
Le sachet de 16 soit 650 g
14,70

DES JEUX DU SYSTEME U A GAGNER

---

entretien household cleaning
surgelés frozen food
volailles poultry
des rillettes potted mince
une barquette a sort of biscuit
une macédoine de légumes mixed
 vegetables
un panaché a shandy
le pastis an aniseed apéritif
un flan nappé baked custard in a sauce

DE L'ETE

FRAIS

CRÈMERIE

...RT A BOIRE YOP
6,93 F
...teille de 75 cl
5,20

...RT NATURE DANONE
...6 F
...kg
12,00

...N NAPPÉ MIAM YOPLAIT
...lo 9,08 F
...x de 12
1,2 kg
10,90

GLACES

ESQUIMAUX GERVAIS
Le litre 20,23 F
La boîte de 16 bâtonnets
soit 880 ml
17,80

CAFÉ LIEGEOIS GERVAIS
Le litre 24,81 F
La boîte de 4 coupes
soit 540 ml
13,40

GLACE GERVAIS BI-PARFUM
Le litre 10,65 F
Le bac de 2 litres
21,30

SURGELÉS

STEACKS HACHÉS BRÉCHOIRE
La boîte de 10 soit 1 kilo
20,90

FROMAGES A LA COUPE

CAMEMBERT PRÉSIDENT
45 % M.G.
Le kilo 26,80 F
La boîte de 250 g
6,70

FROMAGE FONDU VACHE QUI RIT
Le kilo 30,22 F
La boîte de 12 portions
soit 225 g
6,80

FROMAGES A LA PIÈCE

EMMENTAL SURCHOIX
Le kilo
24,50

CHAMOIS D'OR
62 % M.G.
Le kilo
39,95

BOUCHERIE

ROTI DE BŒUF
Tranche
Le kilo
46,00

CHARCUTERIE

SAUCISSES FRAICHES
Le kilo
25,00

RILLETTES PUR PORC
Le kilo
29,90

PATÉ DE TÊTE PERSILLÉ
Le kilo
17,50

VOLAILLES

POULET FERMIER PAC
Le kilo
26,80

CUISSES DE POULET
Le kilo
24,80

ESCALOPES DE DINDONNEAU
Le kilo
36,80

✳ Articles disponibles dans les magasins disposant de ce rayon

ENTRETIEN

GENIE
Le kilo 12,32 F
Le lot de 2 paquets
soit 1,420 kg
17,50

PALMOLIVE VAISSELLE
Le litre 11,27 F
Le lot de 2 flacons
soit 1,5 l
16,90

MONSIEUR PROPRE CRÈME
Le litre 11,73 F
Le flacon de 750 ml
8,80

INSECTICIDE CATCH
Le litre 17,47 F
La bombe de 750 ml
13,10

HYGIÈNE BEAUTÉ

DÉODORANT OBAO
Fraîcheur Sèche ou
Fraîcheur Eveil
Le litre 112 F
La bombe de 125 ml
14,00

EAU DE COLOGNE BIEN ÊTRE
Naturelle, Lavande ou Essence Fraîche
Le litre 55,50 F
Le flacon de 250 ml
+ 20 % gratuit, soit 300 ml
16,65

SHAMPOOING DOP FAMILIAL
A l'huile, aux œufs, anti-pelliculaire,
ou à la camomille
Le litre 17,13 F
Le lot de 2 flacons
soit 800 ml
13,70

PAPIER HYGIÉNIQUE PEAUDOUCE
Double Ouate
Le lot de 12 rouleaux
14,75

Faites ce jeu!

Trouvez sur la publicité d'UNICO ...

1 un produit pour vous laver les cheveux.
2 un produit pour vous aider à laver les assiettes.
3 un produit pour tuer les mouches.
4 des biscuits parfumés aux fruits.
5 quelque chose à manger avec un curry.
6 du poisson en provenance de l'Afrique du nord.
7 un fruit exotique.
8 quelque chose à offrir à votre chien.
9 un mélange de bière et de limonade.
10 une boisson alcoolique, assez âgée.
11 quelque chose à manger au petit déjeuner.
12 quelque chose qu'il faut garder dans le congélateur.
13 quelque chose à mettre sur un sandwich.
14 quelque chose qui vole et qu'on peut manger.

Comparez vos réponses à celles d'un(e) camarade. Est-ce qu'il y a des différences? Pourquoi?

▌ Il n'y a pas de chariot?

Ecoutez ces deux clients au supermarché
UNICO. Répondez en anglais à ces questions.

1 Where are the supermarket trolleys?
2 What exactly do they buy first?
3 Which fruit is in season, at present,
   according to one of the customers?
4 Which fruit does the other customer
   prefer?

5 At what time will the Frenchman's father
   be home?
6 What sort of wine do they choose and how
   much does it cost?
7 What will the children have to drink?
8 How much coffee do they buy?
9 Why do they choose that particular
   brand?

10 Apart from a tin of cassoulet (a sort of stew
   with beans, mutton, pork and goose),
   what other tins do they buy?

Le menu

Faites un menu pour leur repas du soir. Selon
ce qu'ils viennent d'acheter, imaginez ce qu'ils
vont manger et boire ce soir.

◢ Invité(e)

Imaginez que vous étiez un(e) des invité(e)s.
Le lendemain, racontez ce que vous avez
mangé et bu, et donnez vos opinions à ce sujet.

Exemple:
Hier soir je suis allé(e) manger chez des amis
et on m'a offert ... J'ai mangé ... C'était
délicieux/Je n'aime pas tellement ça. J'ai bu
... Je suis rentré(e) chez moi vers ...

GAG!!

Un type passe devant la vitrine d'un oiselier et aperçoit trois perroquets. Il entre dans la boutique et demande au vendeur:
- Le gros, il coûte combien ?
- 5 000 F, il parle anglais !
- Et le moyen ?
- 10 000 F, répond le vendeur, il parle anglais et répond au téléphone !
- Et le tout petit ?
- 20 000 F.
- Et qu'est-ce qu'il fait pour ce prix ?
Le vendeur se gratte le menton et répond:
- On n'en sait rien mais les deux autres l'appellent patron !

◤ C'est où le rayon des disques?

Vous voyez ces renseignements près de l'ascenseur d'un grand magasin:

Sous-sol	Rez-de-chaussée	Premier étage	Deuxième étage
auto	alimentation	disques	chaussures
bricolage	cadeaux	jouets	vêtements
jardinage	maquillage	livres	toilettes
	parfums	photo	

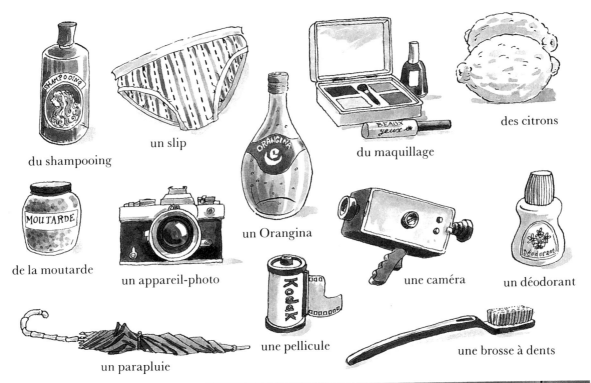

du shampooing

un slip

un Orangina

du maquillage

des citrons

de la moutarde

un appareil-photo

une caméra

un déodorant

un parapluie

une pellicule

une brosse à dents

Travaillez avec un partenaire.

Exemple:

A: Où est-ce que je peux acheter une pellicule, s'il vous plaît?

B: Vous trouverez ça au rayon photo au premier étage.

13 Je voudrais me faire rembourser

Commandez comme vous voulez

En France, comme ailleurs, on peut commander ses achats à la maison – c'est-à-dire en utilisant un catalogue. Deux des grands catalogues français sont **La Redoute** et **Les Trois Suisses**. Il y a plusieurs façons de commander: par téléphone, par courrier ou en visitant un «rendez-vous catalogue» par exemple, mais le plus intéressant c'est, peut-être, de commander par **minitel. Minitel** est la façon la plus moderne de faire ses courses. Il s'agit d'un micro-ordinateur. Regardez cet exemple:

3 - MINITEL.

C'est La Redoute ouverte 24 heures sur 24..., une autre façon de commander, en prise directe avec l'ordinateur de La Redoute.

C'est simple: vous faites le 36.14.91.66, vous tapez le code d'accès REDOUTE, voilà, vous êtes chez nous, on vous guide pas à pas.

Commander par Minitel c'est rassurant: vous êtes renseignée tout de suite sur la disponibilité de vos articles, vous choisissez votre mode de paiement, votre lieu de livraison... et vous contrôlez sur votre écran l'enregistrement de votre commande!

Et vous pouvez aussi profiter des bonnes affaires «Spécial Minitel», savoir où en sont vos articles en attente, demander un petit catalogue, être informée sur les services...

Pour le prix d'une taxe téléphonique de base par 2 minutes quelle que soit la distance. Vous bénéficiez, bien sûr, du tarif réduit aux heures creuses.

Et maintenant vous pouvez aussi bénéficier de la livraison «48h chrono» sur Minitel. C'est La Redoute qui vous le proposera sur écran, automatiquement.

Répondez en anglais aux questions suivantes:

1 When can you contact La Redoute through Minitel?

2 What do you have to do to get access to their computer?

3 Make a list of the advantages of ordering by Minitel.

4 Suggest what 'la livraison «48h chrono»' might mean.

Je suis désolé(e) mais . . . ça ne va pas!

Si vous commandez par micro-ordinateur, il est, peut-être, plus difficile de vous plaindre s'il y a quelque chose qui ne va pas! Regardez ces exemples de ce qu'il faut dire au commerçant si vous n'êtes pas satisfait(e) de quelque chose que vous avez acheté.

Cette cassette ne marche pas tellement bien.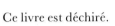

Il y a un trou dans ce pantalon.

Ce livre est déchiré.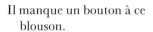

Cet appareil est cassé.

Il manque un bouton à ce blouson.

Ce chemisier est trop grand.

Cette serviette est sale.

Ce maillot n'est pas à ma taille.

Cette paire de chaussures est trop étroite.

Ce ballon est crevé.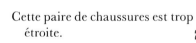

Cette montre ne marche plus.

Bonjour, monsieur. J'ai acheté cette cassette . . .

Voici des mots pour vous aider:

le son est au ralenti the sound is too slow.
Je voudrais me faire rembourser. I should like my money back.
Faites voir. Let me see.
J'ai le reçu. I have the receipt.
Je peux vous l'échanger. I can exchange it for you.
Ici on ne rembourse pas. Here we don't give money back.
Mais si, monsieur, vous êtes obligé! But you have to!
faire une entorse à la règle to stretch the rule

1 When had the woman bought the cassette?
2 What does she offer to show to the shopkeeper?
3 What does the shopkeeper want to do about the broken cassette?
4 Why had the woman bought the same cassette from another shop?
5 What does the shopkeeper then suggest?
6 What does he finally do about the cassette?

◢ Travaillez avec un(e) partenaire

'Return' some items which are not satisfactory:

1 A record which doesn't work very well.
2 A pair of trousers which isn't the right size.
3 A shirt with a hole.
4 A pair of boots which is too tight.
5 A radio which no longer works.
6 A torn jacket.
7 A dirty pair of jeans.
8 A broken pen.
9 A blouse with a button missing.

Exemple:

A: Pardon, j'ai acheté ce disque et il ne marche pas tellement bien.

B: Oh, excusez-moi je vais vous l'échanger (vous rembourser) tout de suite.

Une lettre de plainte

Quelquefois vous devez écrire pour vous plaindre de quelque chose qui ne va pas. Lisez cet exemple, puis écrivez une lettre de plainte vous-même, selon les détails donnés.

Lyon, le 23 août

Monsieur,

Il y a une semaine, pendant que j'étais en vacances à Paris, j'ai acheté un appareil photo chez vous. J'ai utilisé cet appareil une fois seulement et maintenant il ne marche plus.

Je ne peux pas revenir à Paris. Si je vous envoie l'appareil, pourriez-vous me rembourser, s'il vous plaît ?

Je vous prie d'agréer, Monsieur, l'expression de mes sentiments les meilleurs.

L. Gamba

Maintenant c'est à vous!

Write a letter of complaint. You bought a watch when you were on holiday in Bordeaux a month ago. The watch is not working very well. Ask the shopkeeper if you can send it back for him/her to exchange.

On sort pour faire ses courses

Heureusement qu'il y a encore des choses que vous devez acheter en quittant la maison! Ecoutez d'abord cette conversation à un bureau de tabac:

1 How much does it cost to send a postcard to England?
2 Why can't the customer buy the stamps he wants?
3 Which stamps does he buy instead and how many?
4 What does the customer then buy?
5 What does his friend want to look at?
6 What is the value of the bank note that the customer gives to the shopkeeper?

Et maintenant on veut acheter un jouet pour un enfant!

un pompier (un sapeur-pompier) a fireman
un camion de dépannage a breakdown lorry
une échelle a ladder

1 One of the customers makes a mistake about the boy's age. How old is he really?
2 What does the other customer say the boy has plenty of?
3 What sort of toy does the shopkeeper concentrate on?
4 Which toy do they choose?
5 What does the shopkeeper offer to do?

Quand vous étiez petit(e), quel était votre jouet favori? Ecrivez quelques lignes à ce sujet en commençant par: «Quand j'étais petit(e) mon jouet favori, c'était . . .»

14 Les moyens de transport 1

Leur plus beau voyage

Aimez-vous voyager? Les vedettes de la musique et du cinéma doivent voyager pour gagner leur vie, qu'ils l'aiment ou non! Voici quelques vedettes qui parlent de leur plus beau voyage!

Lisez l'article. Ces quelques mots et expressions pourraient vous aider à comprendre:

au cours de in the course of
avouer to confess
ça m'a permis de that allowed me to
ça m'a beaucoup impressionné(e) that impressed me a lot
Je crois que I believe that
le Paris-Dakar a motor rally
un coéquipier a team-mate
J'ai découvert I discovered
que j'ignorais complètement that I didn't know at all
une épreuve a test, trial
redoutable dangerous, formidable
nous avons dû we had to
malgré in spite of
la chose la plus merveilleuse the most marvellous thing
contempler to view, to behold, to contemplate
un lever de soleil a sunrise
au-dessus de above
à bord de on board
assister à to be present at

Johnny Hallyday

1 How long ago was his journey to Nashville?
2 Whom did he meet while he was there?

Michel Sardou

1 What did Michel discover in the course of his 'journey'?
2 Why was he a little disappointed?

Karen Cheryl

1 What is the most marvellous thing that Karen has seen on her travels?
2 Where was she when she saw it?

JOHNNY HALLYDAY
J'ai beaucoup voyagé au cours de ma carrière mais j'avoue que mon séjour à Nashville, il y a deux ans, m'a beaucoup marqué. J'y suis allé tourner, « Go Johnny go » pour les « Enfants du rock » et ça m'a permis de rencontrer les plus grands chanteurs de rock et de blues ». J'ai chanté avec eux et ça m'a beaucoup impressionné.

MICHEL SARDOU
Je crois que mon plus beau voyage, ç'a été le Paris Dakar en 84. J'avais pour coéquipier Jabouille. J'ai découvert un côté du Sahara que j'ignorais complètement. Ce fut une épreuve redoutable et nous avons dû abandonner avant la fin. Malgré les problèmes que nous avons connus, j'en garde un souvenir fantastique.

KAREN CHERYL
La chose la plus merveilleuse que j'ai contemplée au cours de mes voyages, c'est un lever de soleil au dessus du Grand Canyon aux U.S.A. J'étais à bord d'un petit avion et j'ai assisté à un spectacle fabuleux, unique au monde. Je ne suis pas près d'oublier ce voyage.

Et votre plus beau voyage?

Racontez l'histoire d'un voyage que vous avez fait, que ce soit à l'étranger ou non. Essayez d'employer quelques-unes des expressions déjà utilisées par les stars.

Exemple:

J'ai beaucoup voyagé mais, il y a trois mois, j'ai découvert une région de l'Ecosse que j'ignorais complètement. Ça m'a beaucoup impressionné(e).

◢ Comment vous rendez-vous à l'école?

Moi, je vais à l'école ...

à pied

en métro

en mobylette

en voiture

en taxi

en vélomoteur
en moto

en (auto)bus

en (auto)car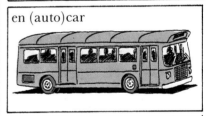

à bicyclette
en vélo

en train

à cheval

Travaillez avec un(e) partenaire. Utilisez tous les moyens de transport.

Exemple:

A: Comment est-ce que tu te rends à l'école?
B: J'y vais en car.
A: Ça dure combien de temps?
B: Ça me prend quinze minutes de la maison jusqu'à l'école.

🔊 Fleur, Sylvain et Blandine se rendent à l'école

1 How does Fleur go to school?
2 How many 'stops' does she travel?
3 How long does it take her?

4 How does Sylvain go to school?
5 How long does it take?
6 Where does he park?

7 How does Blandine go to school?
8 How long does it take?
9 Do a lot of people go to Blandine's school by the same means?

Dites-le à votre correspondant(e)

Ecrivez un paragraphe dans lequel vous expliquez comment vous vous rendez à l'école chaque jour.

🔊 Qu'est-ce qu'ils préfèrent comme moyen de transport?

Ecoutez encore Blandine, Fleur et Sylvain. Répondez aux questions en anglais.

1 Which means of transport does Blandine prefer?
2 Why does she prefer it?
3 Which does she like the least?
4 Why?

5 In what way does Fleur disagree with Blandine?
6 Why doesn't she like flying?
7 Why does the interviewer think it is funny that Sylvain's favourite means of transport is flying?
8 Which doesn't Sylvain like?
9 What reasons does he give for not liking it?

◢ Qu'en pensez-vous?

Regardez tous ces moyens de transport, puis dites ce que vous pensez de chacun. Utilisez les expressions données, si nécessaire.

Ça va très vite.
C'est rapide.
C'est assez lent.
C'est très confortable.
Ce n'est pas tellement confortable.
C'est très dangereux.
C'est assez sûr.

C'est pratique.
Il n'y a pas de place pour s'asseoir.
On est toujours pressé (*in a hurry*).
Tout le monde est toujours serré (*crowded together, squashed*).
Il y a des bouchons (*traffic jams*).
On s'ennuie (*get bored*).

Exemple:

J'aime voyager en avion parce que c'est très sûr et on arrive très vite à sa destination. En plus c'est très confortable. Par contre le moyen de transport que j'aime le moins c'est la moto car je trouve que ce n'est pas tellement confortable et ça peut être très dangereux.

15 Les moyens de transport 2

A pied

un café tabac

le commissariat

un carrefour

un feu rouge

un stop

un rond-point

le Syndicat d'Initiative

le stade

le pont

la plage

le musée

une horloge

l'Hôtel de Ville

la bibliothèque municipale

un sens unique

l'autoroute

la gare routière

l'église

le château

60

Eh bien, puisque je serai au collège au moment où tu vas arriver à la gare routière, voici un plan pour t'aider à te rendre chez nous. En sortant de la gare routière tu dois aller tout droit. A deux cents mètres (à peine) de la gare routière tu verras un bâtiment important avec une grosse horloge. C'est l'hôtel de ville. Tu tournes à droite et tu traverses le fleuve par le pont Bonaparte. Tu continues jusqu'à un carrefour avec un feu rouge. Là, tu tournes à gauche et tu prends la troisième à droite juste après le commissariat de police. Tu verras tout de suite la plage et la mer. Tu marches vers la plage et notre immeuble est le quatrième à droite en face du syndicat d'initiative. Ce n'est pas loin ... un à deux kilomètres au maximum.

◢ Travaillez avec un(e) partenaire

Vous êtes à la gare routière. Demandez à votre partenaire la direction à prendre pour aller à ces endroits:

la plage	le commissariat
la bibliothèque municipale	le stade
le musée	le château
l'hôtel de ville	

Exemple:
— Pardon, mademoiselle (monsieur/madame). Pour aller à l'hôtel de ville, s'il vous plaît?
— Oui. Sortez de la gare. Allez tout droit et l'hôtel de ville est à deux cents mètres ... à gauche. Il a une grosse horloge.

Utilisez aussi:
S'il vous plaît, monsieur.
Où est ...?
Est-ce qu'il y a une bibliothèque près d'ici?

A vous d'écrire

Une de vos copines françaises va arriver en ville. Vous avez un rendez-vous avec elle au café-tabac près de la plage. Indiquez-lui la direction par écrit:
En sortant de la gare routière ...

▣ Où est le syndicat d'initiative?

1 According to the woman, what will the man have to pass before he comes to the *Nouvelles Galeries* (a department store)?

2 When he reaches the *Nouvelles Galeries* where will the information office be?

3 According to the man, which street is the information office on?

4 Is it on the right or the left?

Vous comprenez?

Regardez tous ces panneaux. Qu'est-ce qu'ils veulent dire?

🔲 En voiture

Il y a un Français et un Anglais en voiture. L'Anglais conduit.
Le Français lui indique la direction à prendre. Ils vont à la
maison du frère du Français à Bressuire. Répondez aux
questions en anglais.

1 It's quite a while since the French man
  visited his brother. What do they find where
  there used to be a stop sign?
2 Which direction must they take?

3 What must the driver do after the garage?
4 Then what must he do immediately?
5 What sort of a house is it?

Cinq mille kilomètres à cheval

1 How far are Didier and
  Okapi hoping to travel?
2 When did they set off?
3 What did Didier have to do
  in order to make the trip?
4 How much money did he set
  off with?
5 How far do they travel each
  day?
6 When do they hope to get
  home?

Raid d'hiver
Cinq mille kilomètres à cheval

Non, ce ne sont pas Lucky Luke et Jolly Jumper,
mais Didier Lamour, et Okapi, qui eux aussi
sont « a long way from home ». Partis, en septembre, d'un village de Loire-Atlantique, ils ont
entamé un tour de France, d'hiver, qui les a
amenés, à Nantes, Poitiers, Angoulême, Bordeaux, Auch, Toulouse, Carcassonne, Béziers,
puis par la vallée du Rhône, Condrieu où ils ont
fait étape.
Didier Lamour, chef de rayon à Paris, a voulu
rompre avec tout. Il a quitté son emploi et a

investi 15 000 F dans la selle... et le cheval avant
de prendre la route avec 50 F en poche, il s'ar-
rête parfois à l'occasion d'un petit emploi,
comme les vendanges par exemple.
Chaque jour, au bout d'une étape de 25 à 30 km,
il cherche un gîte, pour lui et sa monture.
A Condrieu, c'est chez M. Vaux, que les com-
pères ont trouvé refuge avant de repartir, sur
Lyon et de piquer sur l'Est de la France, via
Dijon et Bar-le-Duc. Didier pense arriver chez lui
en juillet. Une belle balade, de 5 000 km.

Un voyage que vous avez fait

Racontez un voyage que vous avez fait. Ces
expressions pourraient vous être utiles:

Il y a . . . ans/mois/semaines.
Je suis allé(e) à . . . avec ma famille/mon
ami(e) etc.
Nous avons voyagé en . . .
Nous avons fait de l'autostop.
Le voyage a duré . . .
C'était (ce n'était pas) rapide/lent/
confortable, etc.
A l'arrivée nous étions content(e)s/fatigué(e)s,
etc.

🔲 Les voyages de Véronique

Véronique a beaucoup voyagé en faisant de
l'autostop.

1 How old was she the first time she went to
  England?
2 What was her first impression?
3 What sort of a welcome did she get?
4 How long did she stay there?

Le planibus

1 In which town can **planibus** be found?
2 Where exactly?
3 Which three important things will **planibus** tell you?

◢ Le bus vous y conduit

D'accord, à la gare routière vous pouvez consulter *le planibus*, mais ailleurs vous devrez parler si vous voulez des renseignements sur les autobus. Travaillez avec un partenaire, en utilisant la liste d'établissements ci-dessous.

Exemple:

— C'est quelle ligne pour aller au musée, s'il vous plaît?
— Vous pouvez prendre le 1, le 2, le 3, le 6, le 11 ou le 15.
— Où est-ce que je dois descendre?
— Vous devez descendre à *République* ou à *Pont Pasteur*.

LE PLANIBUS

Cet appareil installé place de la République à Rennes peut vous aider dans l'utilisation des transports en commun du SITCAR.

INTERROGEZ-LE

il vous dira:
– où prendre le bus;
– quelle ligne utiliser;
– à quel arrêt descendre;
pour toute destination désirée
au départ de la place de la République.

Sitcar
STAR

ADMINISTRATION ET DIVERS

Etablissement	N° de ligne	ARRET le plus proche
Syndicat Initiative	4 et 7	Mairie
Hôtel de Ville	toutes lignes	Mairie ou République
Préfecture	15	Préfecture
D.D.E.	15	Préfecture
D.D.A.S.S.	15	Cucillé
D.D.A.	15	**Préfecture**
Cité Administrative	1 - 20 22 - 15	Lycée
Palais de Justice	3 et 6	Mairie
Chambre de Commerce	4 et 7	Nemours
Chambre des Métiers	5 - 8 - 9 - 14	Colombier
Cité Judiciaire	4 et 7	Arsenal
Centre de tri PTT	5 - 8 - 9 - 14	Beaumont
Centre des Impôts	1 - 20 - 22 -15	Lycée
INSEE	5 - 8 - 9 - 14	Colombier
Gare SNCF	1 - 20 22 - 15	Gare SNCF
Gare routière	1 - 20 22 - 15	Janvier
Autobus (dépôt)	11	Plaine de Baud

SPORTS ET LOISIRS

Etablissement	N° de ligne	ARRET le plus proche
Stade Rennais	11	Parc des Sports
S. Omnisports	5 - 8 - 9 - 14	Isly
Vélodrome	11	Laënnec
Patinoire	3	Patinoire
Piscine olympique	4 et 13	Pigeon Blanc et Piscine
Base de loisirs des Gayeulles	3	Gayeulles
Parc de Maurepas	1	Maurepas
Parc de Bréquigny	4	Bréquigny
Jardin du Thabor	3	Thabor
Parc Oberthur	3	Oberthur
Parc des Bois	3	Gayeulles
Théâtre Municipal	toutes lignes	Mairie ou République
Musée de Bgne	1 - 2 - 3 - 6 11 - 15	République ou Pt Pasteur
Bibliothèque Municipale	1 - 2 - 4 - 7‚	Hôtel Dieu
M. de la Culture	1 - 2 - 15	Lycée

⬛ Votre attention, s'il vous plaît!

Vous aimez voyager en bateau? Vous ne souffrez pas trop du mal de mer? Ecoutez maintenant ces annonces à bord d'un ferry-boat français en pleine Manche. Comprenez-vous bien? Répondez en anglais aux questions suivantes:

1 What is the woman asked to do?
2 **a** What details about the ship do you get from the captain's welcome? Name? Length? Width? Number of passengers? Cruising speed?
  b What mustn't you do during the crossing?
  c What is the alarm signal?

3 **a** What time will the ship arrive at St Malo?
  b Is French or English time used on board? Listen to number **3** again as many times as necessary. If you were employed by Brittany Ferries how would you put this announcement into English for the benefit of English-speaking passengers? When you are happy with your version, compare it with the version on tape.
4 **a** What is this announcement about?
  b If you wanted to take advantage of it, which three places could you go to?
5 What are you told about the duty-free shops in this announcement?

Bienvenue à bord

1 What is available for the parents of babies?
2 How would they find out details?
3 What are people in charge of children told to make sure of?
4 Are children allowed in the bar?
5 If you post a letter on board what will happen to it?
6 What four pieces of advice are given to car passengers?
7 If you lose something where should you go?
8 If you discover a loss after you have left the ship what should you do?
9 What shouldn't you do with valuables during the trip?

BIENVENUE A BORD

ENFANTS
Un local est à la disposition des parents pour la toilette de leurs bébés. S'adresser au bureau d'information.
Les enfants, isolés ou en groupe, sont toujours et en quelqu'endroit qu'ils se trouvent à bord, sous la responsabilité des adultes qui les accompagnent. Nous demandons à ceux-ci de veiller à ce que les enfants ne troublent pas la tranquillité des autres passagers.
L'accès aux bars n'est pas autorisé aux enfants non accompagnés d'un adulte.
La vente de boissons alcoolisées, aussi bien dans les bars que dans les boutiques hors taxes, est interdite aux mineurs.

COURRIER
Vous pouvez déposer vos lettres et cartes postales dans la boîte aux lettres située près du bureau d'information. Suivant la nationalité des timbres, ce courrier sera posté dans l'un ou l'autre port d'escale.

VOITURE/BAGAGES
Si vous traversez avec votre voiture:
- Ne laissez pas à l'intérieur les objets de valeur.
- Ne prenez avec vous que les bagages à main dont vous aurez besoin en cours de traversée.
- Assurez-vous que les portes de votre voiture sont fermées à clé.
- L'accès du pont-voiture n'est pas autorisé pendant le voyage.
La compagnie décline toute responsabilité en cas de perte ou de vol de bagages pendant la traversée.

OBJETS PERDUS
En cours de voyage vous pouvez réclamer vos objets égarés au bureau d'information du navire.
Si vous constatez une perte après votre débarquement, nous vous invitons à vous adresser au bureau "Brittany Ferries" de votre port d'arrivée.
Il est fortement recommandé de ne pas laisser d'objets de valeur dans votre voiture durant la traversée et de maintenir les portières fermées à clé.

Une perte

Ferry: *Prince of Brittany*
Crossing: 21h 30   22 July
Left in the toilets?

En arrivant à St Malo, vous remarquez que vous avez perdu ce sac dans le navire. Ecrivez une lettre au bureau 'Brittany Ferries' dans laquelle vous décrivez l'objet perdu et donnez des détails de la traversée.

le ... . 19..,

Monsieur,

Il y a 2 jours, c'est à dire le ...., j'ai fait la traversée Portsmouth - St Malo à bord de votre navire (.............). C'était la traversée de ....h....

J'ai perdu .... et je pense que je l'ai laissé dans .... du navire. Mon ..... est .... dedans. Il y a .... dedans.

Est-ce que vous avez trouvé ....? Voulez-vous me le renvoyer à l'adresse suivante: ....? Je vous remercie à l'avance.

Je vous prie d'agréer, Monsieur, l'expression de mes sentiments les meilleurs.

....

Merci le train!

1 Which of these three pictures suits what is written here?
2 What does the *SNCF* say has already begun when you travel by train?
3 According to the advert how many times more safe than the road is rail travel?

◢ Etes-vous d'accord?

Discutez de vos préférences avec un(e) ami(e).

Exemple:
— Moi, je préfère le train parce qu'il est . . .
Il arrive à . . .
On peut . . .
— Par contre, moi j'aime mieux voyager
en . . . car . . .

Attention! Attention!

Ecoutez ces annonces faites dans des gares en France. Répondez aux questions en anglais.

1 **a** What is the number of the train?
 b Where is it going to? (It is coming from Hendaye.)
 c What time would it normally leave?
 d How late is it?
2 **a** Which platform will the train arrive at?
 b Which track will it arrive on?
3 **a** How long will the train stop at Poitiers?
 b What are passengers for Limoges and La Rochelle asked to do?
4 **a** What does this announcement mean?
 b What are passengers told to watch out for?
5 Which track will this train leave on?
6 What sort of train will the shuttle service (**la navette**) meet at Les Aubrais?

En panne!

un pot d'échappement an exhaust pipe

1 What does the customer say has happened?
2 How far away had it happened?
3 Where was he heading for?
4 The mechanic asks if there had been any strange noises and suggests he had better go and have a look. What does he want to be sure about before he goes out in his breakdown vehicle?
5 What is wrong with this car?
6 What sort of car is it?
7 How long will the job take?
8 How much will the charge for labour be?
9 What will the cost be if the whole job needs doing?
10 When will the car be ready?
11 Where is the customer staying?

Un coup de téléphone ou un message écrit

En route pour rendre visite à des amis, votre voiture tombe en panne.

1 Téléphonez à vos amis pour leur expliquer ce qui est arrivé. (Travaillez avec un(e) partenaire.)
2 Vos amis n'ont pas le téléphone, alors écrivez-leur un message!

Exemple:
Excusez-moi, je n'ai pas pu venir hier parce que nous avons eu un pneu crevé.

Ça s'est passé quand?
la semaine dernière
hier matin
il y a deux jours
jeudi dernier
hier soir

C'était quoi, le problème?
une panne d'essence
un pare-brise cassé
un pneu crevé
un pot d'échappement tombé
nous sommes tombés en panne

17 L'hôtel

Trouvez un hôtel

Centrale de Réservation
38250 Villard-de-Lans

GERBIER
** NN
Tél. (76) 95.10.50
18 chambres

7 Plan - C3

CHRISTIANA
*** NN
Tél. (76) 95.12.51
26 chambres

1 Plan - E3

LES LILAS
** NN
Tél. (76) 95.14.14
17 chambres

8 Plan - D4

DAUPHIN
*** NN
Tél. (76) 95.11.43
21 chambres
Sans restaurant

2 Plan - BC3

LES PLAYES
** NN
Tél. (76) 95.14.42
16 chambres

Proximité des
pistes de ski alpin
9 Hors plan

PRÉ FLEURI
** NN
Tél. (76) 95.10.96
20 chambres

10 Plan - C1

Signification des Symboles

 Parking privé

Parking public

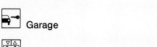 Garage

Ascenseur

Télévision couleur dans les chambres

Salon de télévision

Minibar dans les chambres

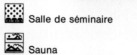 Salle de séminaire

Sauna

Terrasse - Solarium

Piscine été

Tennis

 Jardin

Jeu de boules

Swin-Golf

Jeux d'enfants

Hôtel d'altitude

Find a hotel where . . .

1. there is a private car park
2. there isn't a restaurant
3. there is an outdoor swimming pool
4. there is a lift
5. there is a garden
6. there are ski slopes nearby
7. there are colour televisions in the rooms
8. you can play 'boules'
9. there are games for children
10. you can help yourself to a drink in your room

◢ Centrale de réservation

Regardez tous ces hôtels. Lequel préférez-vous? Pourquoi?
Expliquez à un(e) ami(e).

Exemple:
Moi, j'aime mieux l'Hôtel Christiana parce qu'il y a une piscine
où l'on peut nager en été.

◢ Etudiez les hôtels et la légende pendant quelques minutes, puis
travaillez avec un partenaire de la façon suivante:

Exemple:
— Je cherche un hôtel avec un jardin et des jeux pour mes
enfants. J'aimerais avoir une télé couleur dans la chambre.
Qu'est-ce que vous me recommandez?
— Alors, il y a l'Hôtel Dauphin. C'est un hôtel trois étoiles.
— Trois étoiles? Ça va être un peu trop cher. Il n'y en a pas
d'autres?
— Si. Il y a l'Hôtel le Pré Fleuri, deux étoiles. Il y a un jardin et
des jeux pour enfants et un salon de télévision mais il n'y a pas
de télé dans les chambres.
— Oh, ça ira.

Hôtel Moderne

Where in Bressuire could this hotel be found?

Chambres d'hôtes

What does each of these guest rooms have?

◼ Aucun problème!

Un homme vient d'arriver à un hôtel. Ecoutez
sa conversation avec la réceptionniste.

1 What sort of room does he ask for?
2 How much will the room cost?
3 He decides on a different room: why?
4 How long is he going to stay?
5 How much is breakfast?
6 What time do they finish serving
   breakfast?
7 At what time does the man wish to be
   woken the next day?
8 He spells out his name: write it down.
9 What is his room number?
10 Which floor is it on?

◢ Travaillez avec un(e) partenaire

Inventez des conversations à la réception d'un hôtel.

Ce que dit le/la réceptionniste:

Qu'est-ce que vous désirez?
C'est pour combien de personnes?
C'est pour combien de nuits?
C'est . . . francs par nuit.
Le petit déjeuner est à . . . heures.
Le petit déjeuner est en supplément (*extra*).
Quel est votre nom?
Comment ça s'écrit?
Voilà votre clé. C'est la chambre . . .
au rez-de-chaussée/premier étage (etc.)

Ce que dit le client/la cliente:

| Je voudrais une chambre pour | une personne
deux personnes | avec | douche.
salle de bains.
WC.
téléphone.
télévision. |

C'est pour . . . nuits. C'est combien par nuit?
Le petit déjeuner est à quelle heure?

Faites une réservation

Ecrivez une lettre de réservation à un hôtel de votre choix à Villard-de-Lans. Réservez une ou plusieurs chambres pour vous et votre famille ou vos ami(e)s. Utilisez la lettre qui suit pour vous aider.

> Monsieur/Madame,
> Bristol, le 13 juin
>
> Je voudrais rester dans votre hôtel avec mes parents et ma soeur du 20 au 28 juillet. Avez-vous une chambre de famille avec douche et W.C ? Si cela n'est pas possible nous voudrions réserver une chambre avec un grand lit pour mes parents et une chambre avec deux petits lits pour ma soeur et moi.
>
> Je vous serais très reconnaissante de m'envoyer une liste des prix, une brochure de l'hôtel et, si possible, un plan de la ville.
>
> Je vous prie d'accepter, Monsieur/Madame, l'expression de mes sentiments les meilleurs.
>
> C. Spencer

J'ai un petit problème

C'est à l'hôtel. Chaque client a un problème. Notez les problèmes en anglais. Quelquefois le client est poli, quelquefois il est impoli voire enragé. C'est la même chose pour les réceptionnistes. Choisissez un des adjectifs **poli/impoli/enragé** pour décrire chaque personne.

Exemple:
1 Client: ... Réceptionniste: ...

18 L'auberge de jeunesse

Vous avez de la place?

Voici quelques phrases utiles pour se faire comprendre dans une
auberge de jeunesse en France:

C'est pour . . .

Le . . . est inclus dans le prix?

Nous voudrions passer trois . . .

Est-ce que nous pouvons . . . ici?

C'est combien par . . . ?

Y a-t-il . . . individuelle?

Je peux louer . . .

Je peux faire mes propres . . . ?

Avez-vous . . . à louer?

Où sont les . . . ?

Choisissez les réponses ici (si nécessaire):

un sac de couchage   manger   douches   nuits
petit déjeuner   des draps   une cuisine   nuit   repas
deux personnes: un garçon et une fille

◢ Travaillez avec un(e) partenaire

Inventez une conversation dans une auberge de jeunesse.
Combien de personnes? de nuits? Quel est le prix? etc.

◉ Je veux passer une nuit ici

IYHF   FUAJ

AUBERGE DE LA JEUNESSE

Ecoutez ce jeune homme qui arrive à l'auberge de jeunesse de Poitiers. Remarquez qu'il dit «tu» parce qu'il est jeune et qu'il parle à un autre jeune homme d'à peu près le même âge.

1 Does he have a membership card?
2 How much will it cost for a night including breakfast?
3 What does the visitor ask for next?
4 How much is it for evening meal?
5 Can visitors make their own meals?
6 What is available at lunchtime?
7 Which room will he be in?
8 What are at the end of the room?
9 Why can't he have a plan of the area?

L'auberge de jeunesse à Poitiers

HÉBERGEMENT

120 places
- 9 chambres à 2 lits avec douche
- 4 chambres individuelles
- 3 chambres à 2 lits avec cabinet de toilette
- 4 chambres à 3 lits avec cabinet de toilette
- 11 chambres à 6 lits

Prix . . . . 30,00 F.

RÉUNIONS

LOCATION
- Salle de réunion pour association
- Séminaire
- Congrès
- Association sportive

ACTIVITÉS - STAGES

- Natation
- Tir à l'arc
- Tennis
- Ski

REPAS

- Repas (sans boisson) . . . . 32,—— F
- Repas spécial pour association sur demande . . 35,—— - 40,—— F
  . . . . 50,—— - 100,—— F
- Repas pour Séminaire, Congrès

1 How many bedrooms have a shower?
2 How much does it cost to stay the night?
3 What activities are offered?
4 Is a drink provided with meals?

Vous aimez la mer et le soleil?

Si vous aimez la mer et le soleil l'auberge de jeunesse au Trayas est pour vous! Lisez ces extraits de sa brochure.

Des mots pour vous aider:

la voile sailing
la planche à voile wind surfing
un stage a course

LA PLANCHE À VOILE

Tous les stages commencent le dimanche au dîner et se terminent le dimanche matin après le petit déjeuner. Equipement à apporter: Chaussures pour la pratique de la planche, vêtements de rechange, duvet pour la randonnée.

La pratique de la planche a lieu dans la baie de la Figueirette au milieu des rochers rouges des Calanques de l'Esterel. L'activité est organisée par l'école de voile de Miramar. Chaque stage comprend deux séances de 1h 30 du lundi au samedi et les cours théoriques. Pour tous les stages une journée pique-nique, soirées barbecue, randonnée pédestre le dimanche.

CONDITIONS PARTICULIERES

Age minimum 16 ans, savoir nager, certificat médical d'aptitude pour le sport choisi datant de moins de trois mois. Autorisation parentale pour les mineurs.

1 When exactly do the courses start and finish?
2 What equipment should you bring?
3 What is mentioned about the rocks in the bay?
4 Who organizes the windsurfing courses?
5 How many lessons are there per day and how long do they last?
6 What additional activities are there?
7 What conditions are laid down for taking part in the windsurfing courses?

Il faut réserver en été

Vous voulez passer quelques jours à l'auberge du Trayas.
Ecrivez une lettre pour réserver de la place pour vous et pour vos
amis et pour demander des renseignements sur les stages de
planche à voile. Utilisez cette lettre pour vous aider.

Belfast, le 29 Juin

Monsieur/Madame,

Nous voudrions passer trois nuits, du
20 au 23 août, dans votre auberge. Pouvez-vous nous
réserver des places?

Nous sommes 2 garçons et 2 filles.
Nous voudrions louer des sacs de couchage.

Est-ce qu'il serait possible de nous
envoyer des renseignements sur les activités disponibles
et un plan du coin?

Est-ce qu'on peut préparer ses propres
repas à l'auberge?

Je vous prie d'accepter, Monsieur/Madame,
l'expression de mes sentiments les meilleurs.

Sean Donald

VEUILLEZ DEBARRASSER LES
TABLES, LAVER ET ESSUYER LA
VAISSELLE APRES USAGE.

1 – NE PAS MANGER, BOIRE ET FUMER DANS LES CHAMBRES.
2 – LA NOURRITURE DOIT ETRE ENTREPOSEE A LA CUISINE
3 – L'AUBERGE NE PEUT ETRE TENUE POUR RESPONSABLE EN CAS DE VOL.
4 – GARDEZ VOTRE ARGENT SUR VOUS.
5 – DEPOSEZ LES OBJETS DE VALEUR AU BUREAU D'ACCUEIL.
6 – SOYEZ SILENCIEUX APRES 23 HEURES AFIN DE RESPECTER LE SOMMEIL DE CHACUN

MERCI DE VOTRE COOPERATION
LA DIRECTRICE

19 Le camping

Ce qu'il faut savoir sur le camping

Pour passer de bonnes vacances dans un camping, il y a des mots qu'il faut comprendre. Lisez ces définitions, puis choisissez la bonne image pour chacune.

1 **Un bac à vaisselle:** une sorte de grand évier où l'on peut faire la vaisselle.

2 Pour vous laver il faut aller au **bloc sanitaire.** C'est un bâtiment où il y a des lavabos.

3 Si vous avez **une cuisinière à gaz** ou **un réchaud** pour faire la cuisine vous pouvez acheter **une bouteille de gaz** au magasin.

4 Si vous voyez **un robinet** avec l'inscription **«eau non potable»,** attention, l'eau est mauvaise. Ne la buvez pas!

5 Pour bien dormir vous pouvez utiliser **un matelas pneumatique**.

6 Vous voulez brancher votre rasoir électrique? Alors il vous faut **une prise de courant**.

7 Pour camper avec un peu plus de confort il y a **la caravane**.

76

8 Mais pour faire du vrai camping il vous faut **une tente**.

9 Si vous n'aimez pas faire la cuisine, quelques terrains de camping ont des magasins où vous pouvez acheter **des repas à emporter** ou **des plats cuisinés**.

10 Très souvent vous trouvez **des laveries automatiques** avec **des machines à laver** pour faire la lessive.

11 Vous devez jeter tous vos paquets et boîtes vides dans **une poubelle**.

12 Pour allumer votre cuisinière **des allumettes sont** nécessaires.

13 Pour bien voir dans votre tente la nuit, je vous recommande d'acheter **une lampe de poche**.

14 Rappelez-vous bien qu'une lampe de poche ne marche pas si vous oubliez **les piles!**

15 Une chose qu'on oublie très souvent quand on fait du camping, c'est **l'ouvre-boîte**. Sans un ouvre-boîte, il est difficile d'ouvrir des boîtes de petits pois etc!

LE SAVOIR-VIVRE DU CAMPEUR

Un vrai campeur NE LAISSE PAS DE TRACE et il EST L'AMI DE TOUS

—Ne pas jeter sur le sol de papiers gras ou de déchets de toutes sortes. Les jeter à la poubelle ou les enfouir si l'on campe «sauvage».
—Respecter les arbres et les plantes : le campeur est l'ami de la nature : pas de clous, pas de branches cassées, pas d'écorces gravées.
—Surveiller les enfants (robinets, plantations, etc....)
—Éviter tout bruit après 22 heures et faire en sorte que ni vous–même, ni vos enfants, ni votre transistor, ni vos animaux ne soient une gêne pour les autres.
—Ne jamais s'installer quelque part sans avoir demandé l'autorisation au propriétaire.

le savoir-vivre the good manners
gras greasy
des déchets refuse, waste
une poubelle a dustbin
enfouir to bury
sauvage wild
une écorce a bark
gravé cut, engraved
faire en sorte que to see to it that
une gêne a nuisance

Préparez une version anglaise du *savoir-vivre du campeur*.

Deux amis de la nature!

Deux jeunes campeurs arrivent à un terrain de camping. Ecoutez leur conversation avec le gardien.

1 What nationality are the two friends?
2 Do they have a big or a small tent?
3 How much will it cost per night for the tent?
4 Do they have a car?
5 How much will it cost them altogether for one night?
6 How many nights do they intend to stay?
7 How much does it cost to have a shower?
8 What does one of the friends ask if it is possible to do?

Guides des campings de Niort

Aidez un(e) ami(e) qui ne comprend pas le français à trouver le camping qu'il lui faut. Dans chaque cas notez-en le numéro.

aménagé equipped
emp. = un emplacement site, place

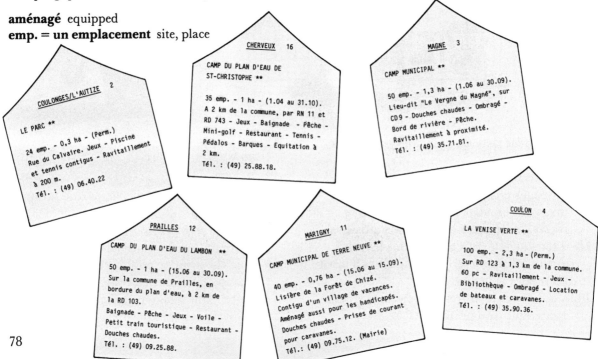

COULONGES/L'AUTIZE 2

LE PARC **

24 emp. - 0,3 ha - (Perm.)
Rue du Calvaire. Jeux - Piscine et tennis contigus - Ravitaillement à 200 m.
Tél. : (49) 06.40.22

CHERVEUX 16

CAMP DU PLAN D'EAU DE ST-CHRISTOPHE **

35 emp. - 1 ha - (1.04 au 31.10).
A 2 km de la commune, par RN 11 et RD 743 - Jeux - Baignade - Pêche - Mini-golf - Restaurant - Tennis - Pédalos - Barques - Equitation à 2 km.
Tél. : (49) 25.88.18.

MAGNE 3

CAMP MUNICIPAL **

50 emp. - 1,3 ha - (1.06 au 30.09).
Lieu-dit "Le Vergne du Magné", sur CD 9 - Douches chaudes - Ombragé - Bord de rivière - Pêche.
Ravitaillement à proximité.
Tél. : (49) 35.71.81.

PRAILLES 12

CAMP DU PLAN D'EAU DU LAMBON **

50 emp. - 1 ha - (15.06 au 30.09).
Sur la commune de Prailles, en bordure du plan d'eau, à 2 km de la RD 103.
Baignade - Pêche - Jeux - Voile - Petit train touristique - Restaurant - Douches chaudes.
Tél. : (49) 09.25.88.

MARIGNY 11

CAMP MUNICIPAL DE TERRE NEUVE **

40 emp. - 0,76 ha - (15.06 au 15.09).
Lisière de la Forêt de Chizé.
Contigu d'un village de vacances.
Aménagé aussi pour les handicapés.
Douches chaudes - Prises de courant pour caravanes.
Tél.: (49) 09.75.12. (Mairie)

COULON 4

LA VENISE VERTE **

100 emp. - 2,3 ha - (Perm.)
Sur RD 123 à 1,3 km de la commune.
60 pc - Ravitaillement - Jeux - Bibliothèque - Ombragé - Location de bateaux et caravanes.
Tél. : (49) 35.90.36.

Your friend is looking for a campsite . . .

a where you can hire boats and caravans
b where pitch and putt can be played
c near to the forest
d that is suitable for disabled people
e with electric sockets for caravans
f that has horse-riding nearby
g where you can go fishing
h with a miniature railway
i where you can swim
j where you can borrow a book

Le règlement du camping

Vous êtes à un camping en France. Le gardien vous raconte le règlement du terrain. Expliquez-le à vos ami(e)s qui ne comprennent pas le français.

1 You mustn't make any noise after . . .
2 The site is closed between . . .
3 Make certain you use the . . .
4 Hot showers cost . . .
5 You have to . . . immediately.
6 You can stay a maximum of . . .

Pour réserver un emplacement . . .

Choisissez un des campings dans les environs de Niort et préparez une lettre de réservation. Utilisez la lettre suivante pour vous aider.

Whitehaven, le 9 juin

Monsieur/Madame,
  J'aimerais réserver un emplacement dans votre camping du 26 au 29 Mai. C'est pour 2 adultes et 3 enfants. Nous avons une voiture et une tente. Cela coûtera combien, s'il vous plaît?
  Pourriez-vous m'envoyer un plan de la ville et des dépliants sur les activités qui sont offertes dans la région?
  Est-ce qu'il y a un magasin sur le terrain où l'on peut acheter du gaz?
  Je vous prie d'accepter, Monsieur/Madame, l'expression de mes sentiments distingués.
          Jayne Hardy

Tu as déjà été camper?

1 How many days had the boy been at Scout camp?
2 How many Scouts were there?
3 How many leaders were there?
4 How much did it cost?
5 What facility was there apart from archery (**le tir à l'arc**)?
6 What was the weather like?

7 Did the girl stay in a tent or a caravan?
8 How often did they move on?
9 Who went with the girl?

10 This boy, too, had been to Scout camp. Was it in the mountains or in the country?
11 What had the weather been like?
12 How many days had the girl spent youth hostelling?
13 What did she think about the hostels?

20 En vacances 1

Une visite scolaire

Les élèves d'une école primaire en France ont fait une visite à
Ortiac. Lisez ce qu'ils ont écrit à ce sujet.

Lundi

L'arrivée à Ortiac.
Par un bel après-midi ensoleillé, nous sommes
descendus du car à Villelongue. Nous avons pique-niqué
devant la mairie, avant d'entamer une longue marche de
3 km, en pleine chaleur, pour atteindre Ortiac à 600m
d'altitude.

1 What was the weather like when they set off?
2 How did they travel?
3 Where did they picnic?
4 How far did they have to walk to Ortiac?
5 How high is Ortiac?

Aussitôt arrivés, nous nous sommes installés dans
les dortoirs. Le soir, nous y faisions des courses en sac
de couchage. Nous nous racontions des histoires, nous
jouions des tours à la maîtresse.

1 What did they do as soon as they arrived?
2 What did they do in the evening?

Mardi

Visite des grottes de Betharram.

Nous avons pris le téléphérique à 15 km de Lourdes. On arrive à l'entrée après un trajet de 1 km en télévoiture. On ressort après une longue visite en petit train.

1 Where are these grottos situated?
2 By which means of transport did they visit them?

Mercredi

Au pont d'Espagne.
La couche de neige était épaisse. Ceux qui n'étaient pas bien équipés ont eu froid ! L'idée géniale, ça a été d'utiliser une dizaine de sacs poubelle pour faire de la luge. Quel bon après-midi ! Mais on se demande si ce sont les enfants ou les adultes qui se sont le plus amusés !

1 What was the weather like on the Wednesday?
2 How did the children amuse themselves?
3 What does the writer wonder in the last sentence?

La Chapelle St-Laurent

10h00   Accueil à la mairie

10h30   Visite de la fromagerie Chevrechard

12h00   Pique-nique à l'étang des Mottes et de l'Olivette

14h00   Visite du Moulin des Mottes en fonctionnement
         (fabrication de la farine)

16h00   Visite de l'Enterprise LIAUT Meubles

17h30   Vin d'honneur à la Salle Polyvalente

Lisez le programme d'une visite de la ville de La Chapelle St-Laurent. Répondez aux questions en anglais.

1 Where does the visit start?
2 Where would you go to at 10.30?
3 What form would lunch take?
4 What is made at the Moulin des Mottes?
5 What sort of place is due to be visited at 16h00?
6 How does the visit come to an end?

On part en vacances

Ecoutez ces jeunes qui parlent au sujet des vacances. Ensuite donnez vos propres réponses aux mêmes questions.

— *Où est-ce que vous passez vos vacances?*
— Ça dépend... la dernière fois j'ai été... en France
            au Portugal
            un peu partout
— *Vous allez avec vos parents?*
— Oui.
— Non, je vais avec mes amis.

— *Vous partez combien de temps?*
— Tout l'été.
— Deux semaines.
— *Qu'est-ce que vous faites pendant les vacances?*
— Je vais dans la mer. Je nage. Je fais de la planche à voile. Je fais du volleyball sur la plage.
— J'aime bien | me baigner.
              | me promener.
              | visiter des choses.
— J'aime me reposer sur la plage à me bronzer.

Dites-le à votre correspondant(e)

Ecrivez un paragraphe dans lequel vous racontez ce que vous faites en vacances. N'oubliez pas de lui poser des questions de la sorte: Et toi? Où est-ce que tu passes tes vacances? Tu vas avec tes parents? etc.

▣ Dis-moi où est-ce que tu es allé(e) en vacances l'année dernière?

Ecoutez cette fille et ce garçon. Dans chaque cas essayez de noter les détails suivants:

Where? How? With whom? Where they stayed? For how long? What was the weather like? What they did? What did they think about the holidays? Have they visited Britain? Are they going on holiday this year?

Et vous?

Que le temps passe vite! Vous n'avez pas écrit à votre correspondant(e) depuis plusieurs mois déjà. Excusez-vous auprès de votre correspondant(e) et racontez-lui vos vacances de l'été dernier. Ecrivez quelques paragraphes sur ce sujet.

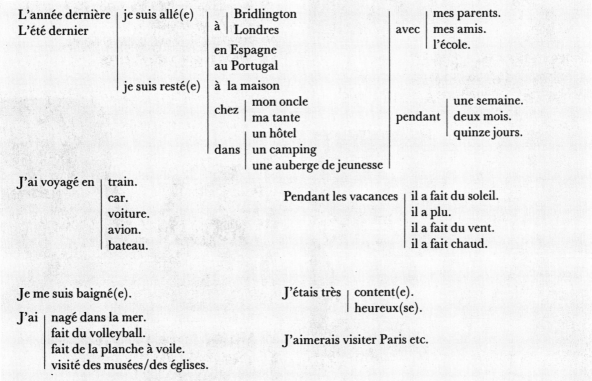

L'année dernière L'été dernier	je suis allé(e)	à	Bridlington Londres		avec	mes parents. mes amis. l'école.
		en Espagne au Portugal				
	je suis resté(e)	à	la maison			
		chez	mon oncle ma tante		pendant	une semaine. deux mois. quinze jours.
		dans	un hôtel un camping une auberge de jeunesse			

| J'ai voyagé en | train.
car.
voiture.
avion.
bateau. | | Pendant les vacances | il a fait du soleil.
il a plu.
il a fait du vent.
il a fait chaud. |

| Je me suis baigné(e). | | | J'étais très | content(e).
heureux(se). |
| J'ai | nagé dans la mer.
fait du volleyball.
fait de la planche à voile.
visité des musées/des églises. | | J'aimerais visiter Paris etc. | |

Est-ce que vous allez partir en vacances cette année?
Vous ne savez pas encore? Alors vous dites: Ça dépend.
Je l'espère. Peut-être.

21 En vacances 2

◼ On va à l'étranger

Ces trois jeunes filles ont passé des vacances à l'étranger.

l'accueil the welcome

1 Where had Corinne been this year?
2 Where had she been the year before?
3 What did she think of the people there?

8 Which foreign language do Corinne and Sévrine both speak?
9 According to Sévrine when do Spanish people go to bed?
10 What sorts of things do they eat?
11 What time do they get up?

4 Where had Sévrine been?
5 What did she think of it?
6 What did she think of the people?
7 Does she speak the language?

12 Has Delphine ever been to Germany?
13 Where did she stay in England?
14 What time did she arrive?
15 With whom did she stay?
16 What did she find funny about the traffic?
17 How long did she stay?
18 What did she think of English cooking?

L'avion, c'est rapide

Si vous voulez aller à l'étranger le moyen de transport le plus rapide est l'avion. Mais savez-vous voyager en avion? Si vous savez déjà voyager en train ou en autobus c'est assez facile. Voici quelques expressions utiles. Les comprenez-vous?

Est-ce qu'il y a un avion qui va à Lyon, aujourd'hui?
Il y a un vol pour Paris, cet après-midi, s'il vous plaît?
Il part à quelle heure?
Il arrive à quelle heure?
Le vol dure combien de temps?
Le prochain avion pour Londres part à quelle heure?

Il y a de la place dans l'avion pour Bordeaux?
Un aller-retour, classe touriste, pour Marseille, s'il vous plaît.
Un aller-simple pour Dublin, s'il vous plaît.
Je voudrais être à l'arrière.
Je voudrais une place dans la section non-fumeurs.
C'est quelle porte?
Attachez vos ceintures.
Nous arriverons à Paris à 17h45, heure locale.
La douane = *Customs*
Vous avez quelque chose à déclarer?
Ouvrez votre valise, s'il vous plaît.
Faites voir.
Je n'ai rien à déclarer.
Je veux déclarer . . .

Trefpunt
Point de rencontre
Treffpunkt
Meeting point

● On décolle!

Travaillez dans un groupe de quatre. Inventez des conversations d'après le plan qui suit. Présentez vos conversations directement au reste de la classe ou, si possible, enregistrez-les.

The four of you should play these parts:

1 traveller;
2 person at ticket desk;
3 person in next seat;
4 steward(ess)/customs official.

1 At the airport

You want to know if there is a flight to La Rochelle this morning. There is one and it leaves at 11.00. Ask when it arrives. You are told it arrives at 12.00 because the flight lasts exactly an hour. Ask for a single, tourist-class ticket. Say that you would like to be in a no-smoking section. You are told that it will cost 350F. Ask which gate it is. You are told number 8.

2 On the plane

You ask if a place is free and sit next to someone. The steward(ess) tells you to fasten your seat belts. Start a conversation with the person next to you. What will you talk about? The weather? The plane? Where you are going and why? Yourself?

3 At the customs

You are asked if you have anything to declare. Say that you haven't. You are told to open your cases. Finish the scene in any way that you wish!

Le rire

Deux dames très snobs se rencontrent place Vendôme.
– Comment ça va, ma chère amie ? Je ne vous ai pas vue depuis les vacances. Où êtes-vous allée cet été ?
– A Ibiza.
– Où est-ce ?
– Je ne sais pas, mais on y va en avion.

Je voudrais des renseignements...

Vous savez déjà qu'en France vous pouvez aller à un syndicat d'initiative pour demander un plan de la ville, une liste des hôtels etc. La plupart des choses sont gratuites mais, en plus, on vend des affiches (posters), des cartes postales, etc. Lisez cette lettre qu'on a écrite à un syndicat d'initiative. La comprenez-vous?

> Edimbourg, le 7 mai
>
> Monsieur,
>
> J'ai l'intention de passer quelques jours à Melle au mois d'août. Pourriez-vous m'envoyer quelques renseignements sur votre ville?
>
> J'aimerais recevoir un plan de la ville, une liste des hôtels et des brochures sur la région.
>
> Je m'intéresse beaucoup au sport et aux randonnées pédestres.
>
> Je vous prie d'agréer, Monsieur, l'expression de mes sentiments les meilleurs.
>
> A. Simon.

Ecrivez une lettre à un syndicat de votre choix.

Je vous serais très reconnaissant(e) de bien vouloir m'envoyer... Pourriez-vous m'envoyer... Je voudrais recevoir... Je voudrais...	une liste	des restaurants. des campings. des auberges de jeunesse. des musées. des spectacles (*shows*). des monuments (*sights*). des excursions en car.
des brochures sur... un plan de la ville.		

Je m'intéresse beaucoup	à la pêche. aux châteaux, etc.

▣ Elle parle très vite, hein?

Ecoutez cette employée du syndicat d'initiative à Niort. Essayez de noter en anglais toutes les choses qu'elle mentionne. Vous devrez écouter plus d'une fois!

22 Les loisirs 1

Voici quelques vedettes françaises. Lisez ce qu'ils ont à dire sur
leurs émissions préférées.

VEDETTES RÉVÈLENT

LEURS EMISSIONS DE TELEVISION PREFEREES

De plus en plus, la télévision tient une place prépondérante dans notre vie et avec la multiplication des chaînes, ce phénomène ne fera que s'amplifier. Tes vedettes préférées sont des téléspectateurs assidus. Elles te révèlent les émissions qu'elles aiment regarder.

ANNE PARILLAUD

Mon émission préférée c'est 7 sur 7 le dimanche à 19 heures. J'adore tout ce qui touche à l'information et à la politique. J'aime aussi « Les enfants du rock » : les reportages y sont bien conçus et nous font découvrir des grands talents anglo-saxons qui ne sont hélas pas très connus en France.

BERNARD GIRAUDEAU

Bien sûr j'aime regarder tout ce qui touche au cinéma, tant les films, de préférence français, que les émissions du style « Etoiles et toiles », « Mardi Cinéma » ou « Cinéma Cinéma ». Mais j'apprécie aussi beaucoup Apostrophes de Bernard Pivot. Il faut reconnaître que ce n'est pas évident de présenter des livres souvent sérieux avec beaucoup d'humour comme il le fait.

RENAUD

J'adore regarder le foot à la télévision. Evidemment sur un petit écran on saisit mal l'ambiance extraordinaire qui règne dans un stade mais en revanche les commentaires des présentateurs ajoutent un plus à ce spectacle. Il va sans dire que cet été je ne raterai pas la retransmission de la coupe du monde à Mexico.

PATRICK BRUEL

Moi, ce que j'adore par dessus tout à la télé ce sont les films et les émissions de variétés. C'est d'ailleurs un peu normal puisque je suis à la fois comédien et chanteur. J'aime bien les polars des années 50 en noir et blanc, ils ont un parfum rétro tout à fait inimitable. J'aime aussi les reportages du genre « Les Carnets de l'aventure ».

MICHEL SARDOU

Il y a deux choses que j'aime bien regarder : les films et plus particulièrement ceux que nous propose Eddy Mitchell dans la Dernière Séance, les séries documentaires consacrées à l'aventure et à la nature comme « Thalassa », « Terre des bêtes », « Les animaux du monde ». C'est très bien fait.

JEANNE MAS

J'avoue que je ne regarde pas tellement la télé mais il y a une émission que je ne rate jamais, c'est Le Dossier d'Alain Decaux. Cet homme a vraiment un don extraordinaire pour nous raconter des histoires. Il le fait avec une telle passion qu'il parvient à créer un véritable suspense en essayant d'éclaircir des énigmes historiques.

Lisez ces phrases et décidez de quelle vedette il est question . . .

1 Cette vedette s'intéresse à l'histoire. Qui est-ce?
2 La suivante aime la littérature et les films.
3 Une autre se passionne pour la nature.
4 Une autre adore des émissions assez sérieuses aussi bien que
des reportages sur la musique.
5 Une autre donne l'impression d'aimer le sport.
6 La dernière est un passionné de vieux films.

Ecrivez un paragraphe à un(e) correspondant(e) français(e)
dans lequel vous mentionnez vos préférences en ce qui concerne
la télé. Tâchez d'utiliser quelques-unes des bonnes expressions
déjà employées par les vedettes:

Mon émission préférée c'est . . .
J'aime aussi . . .
J'adore regarder . . .
J'apprécie aussi . . .

Ce que j'adore par dessus tout à la télé c'est . . .
J'avoue que je ne regarde pas tellement la télé . . .
Il y a une émission que je ne rate jamais c'est . . .

Une émission de radio locale

Une émission de radio locale

Sur une radio, la bande FM est entre 87,5 et 104 mégahertz (1). C'est le domaine des radios libres (radios privées locales). Tout le monde en connaît, certaines sont même diffusées dans les magasins. C'est jeune, c'est plein de tubes et de disques qui rockent. Mais comment fonctionnent ces radios ? Qui les anime ?

LA BANDE FM : ÉCOUTEZ LA DIFFÉRENCE
Allumez votre transistor. Vous avez le choix entre quatre canaux : FM, MW, LW et SW (2). Sélectionnez LW et branchez-vous sur une station : Europe 1, RTL... Entre deux publicités, écoutez une chanson. Ça grésille !
Passez maintenant sur une radio de la bande FM. Ce qui choque, c'est la qualité du son FM ! La modulation de Fréquence réduit de trente fois les parasites et les sifflements causés par les appareils électriques et les orages ! De plus, le son est « stéréo », identique à celui d'une bonne chaîne !
Le seul inconvénient : on ne peut capter une station FM que dans un rayon de trente kilomètres autour de l'émetteur. Ce n'est cependant pas si mal !

PAS DE BONNE RADIO SANS BON STUDIO
Pour faire de la radio, une salle à manger suffit. Mais il faut la couper en deux par une vitre épaisse qui isole du bruit. D'un côté, l'ingénieur du son avec tout son attirail ; de l'autre, l'animateur et ses invités. L'animateur a préparé son émission et a rédigé un « conducteur » pour le technicien : une feuille où sont notés les disques à passer, les questions de l'interview, le temps précis de chaque séquence. Rien n'est laissé au hasard.
L'interview commence. Une petite lampe rouge

Lecteur de jingles (sonal) : permet d'envoyer des génériques d'émission ou des publicités.
Insert téléphonique : permet de passer à l'antenne l'appel d'un auditeur.
Chambre d'effets : ajoute de l'écho à la voix.
Table de mixage : c'est le chef d'orchestre du studio. C'est là que tous les micros et tous les appareils sont branchés et que s'effectuent les réglages sonores.

indique que les micros sont branchés. Pendant qu'un invité parle, l'ingénieur du son règle sur la table de mixage le volume, les graves et les aigus de chaque voix. Dans l'interphone, sans que les auditeurs l'entendent, il demande aux invités de ne pas parler en même temps. Pour éviter de faire un « blanc » (3) à l'antenne, il repère le début du disque suivant sur sa platine et se tient prêt à l'envoyer sur les ondes dès que l'animateur lui fera signe. Pendant ce temps, dans une autre pièce, un journaliste prépare le flash d'information de 12 heures. Tendez l'oreille, ce sont toujours des professionnels qui travaillent.

(1) Mégahertz : unité de fréquence.
(2) FM : modulation de fréquence. MW : ondes moyennes. LW : ondes longues. SW : ondes courtes.
(3) blanc : instant où personne ne parle et où aucun disque ne passe.

1 According to the article, what are the advantages of FM?
2 What is its only disadvantage?
3 How could you turn a dining room into a studio?
4 What are the jobs of a programme presenter?
5 What shows that the microphones are switched on?
6 What jobs does the sound engineer do?
7 What is 'un blanc'?

grésiller to crackle
les parasites interference
les sifflements whistling
l'émetteur the transmitter
l'attirail apparatus, equipment
un animateur/une animatrice presenter
rédiger to draw up
un «conducteur» programme plan
brancher to plug in
les graves et les aigus bass and treble
repérer to locate
une platine turntable

Si on sortait...

Si on allait...? Should we go...?
A moins qu'on aille... Unless we go...?
Ça va se terminer... It will end up...
ronfler to snore

● Demandez à vos amis de sortir avec vous!

Exemple:
Si on allait *au cinéma* ce soir?

Tâchez d'employer les expressions suivantes:

demain matin
mardi prochain
vendredi soir
après-demain
le week-end, etc.

JUIN		
1	L	cinéma
2	M	piscine (10.00)
3	M	basket
4	J	
5	V	café-bar (20.30)
6	S	
7	D	
8	L	
9	M	boîte
10	M	
11	J	
12	V	
13	S	plage
14	D	
15	L	restaurant (21.00)
16	M	
17	M	chez Chantal
18	J	club des jeunes

🎧 On vous invite

Quand vous serez en France, il est certain que quelqu'un va vous inviter de temps en temps. Comment répondre? Écoutez ces jeunes Français et Françaises:

1

Dis, Jean-Marie, si on allait au cinéma, ce soir?

Je veux bien, moi. Qu'est-ce qui passe?

2

Francine, veux-tu aller à la piscine avec moi demain après-midi?

Ecoute, Pierre, je ne peux pas. Ce n'est pas possible parce que je dois aider mon père dans le jardin.

Dimanche, alors?

Je ne pense pas. J'ai trop de devoirs à faire.

Évidemment, Jean-Marie veut l'accompagner au cinéma; mais écoutez la deuxième conversation:

Evidemment, Francine *ne veut pas* accompagner Pierre à la piscine!

Maintenant à vous! Quelle est, à votre avis, l'attitude de l'invité(e) envers la personne qui l'invite? Expliquez votre opinion en français.

Exemple:

2 A mon avis, Pierre ne plaît pas à Francine, parce que Francine invente des excuses pour ne pas sortir avec lui.

Ecoutez les numéros 3 à 5. Prenez des notes pour vous aider à faire l'exercice. Voici des questions si vous en avez besoin!

3 a When will Agnès's party take place?
   b Why can't Paul come?

4 a What does the boy ask about Saturday?
   b What does the girl say about Jeanne Mas's latest records?

5 a Why does the boy sound surprised at first?
   b What is his reaction to the request?

23 Les loisirs 2

◢ Oui ... ou non?

Demandez à un copain (une copine) de faire quelque chose:

Tu veux aller ...?   Si on allait ...?
Tu veux regarder ...?   Je vais ...
Tu veux jouer ...?   Tu veux venir?

au cinéma

au bal

au match de basket

à la disco

au spectacle

au concert

au club des jeunes

à la piscine

le documentaire à la télé

à la boum

aux cartes

écouter le nouveau disque de
Jeanne Mas

Voilà des expressions pour vous aider, si nécessaire:

Quand?	Oui	Non	Peut-être
Ce soir	Je veux bien.	Je regrette, mais j'ai	Ça dépend . . .
Dans deux minutes	D'accord.	beaucoup de devoirs.	C'est possible mais . . .
Demain matin	Bien sûr.	C'est impossible car	Ça m'est égal.
Mardi après-midi	Bonne idée.	je fais du babysitting.	Je ne sais pas encore.
Samedi soir	Avec plaisir.		

Exemple:

A: Tu veux jouer aux cartes ce soir?

B: Peut-être. Ça dépend. Je dois laver la voiture de mon père.

Où et quand?

Si vous êtes un peu timide vous pouvez toujours écrire un petit message à celui ou celle que vous voulez inviter!

Ecrivez des messages de la même sorte:

Exemple:

Yvette, tu veux aller au club des jeunes avec moi mercredi soir? On se rencontre au Café « Le Pub » à sept heures et demie? Si tu es d'accord téléphone-moi cet après-midi.
Jacques

Où?		On se rencontre . . .?	Quand?
1	vendredi soir	chez toi	21h15
2	dimanche après-midi	devant le stade	14h30
3	samedi	chez Lise	20h00
4	demain soir	au café	19h45
5	ce soir	au cinéma	20h20

Maintenant regardez les messages d'un(e) ami(e) et téléphonez pour dire **oui** ou **non**.

Allô, c'est bien . . . Merci pour l'invitation. Je veux bien aller en boîte.

Ou: Je suis désolé(e) mais . . .

▣ Qu'est-ce qu'ils font, les jeunes?

Ecoutez ces jeunes Français dans un café à Niort. Attention! Les jeux électroniques font beaucoup de bruit!

une boîte (de nuit) a disco, night-club

1 What sorts of drinks do they normally have in the café?
2 When they are asked what they do in the evenings, what is the general impression that they give?
3 What does the girl say she does at weekends?
4 What sort of music does she like best?

Secrets des stars

secrets de stars

Nous avons tous nos faiblesses, nos secrets, nos petits points faibles, que nous essayons de cacher aux autres. Les stars aussi...

A l'affiche de ses films, il ne fait pas de cadeau ! Le flingue à la main, Charles Bronson règne sur le cinéma d'action américain avec une assurance et une solidité qui semblent à toute épreuve. A le voir, on a l'impression d'être en face d'un roc. Et on est vraiment très surpris d'apprendre, à la faveur des très rares confidences de l'acteur, que dans la vie, il est très loin de ressembler aux personnages qu'il incarne régulièrement à l'écran. Aussi étonnant que celui puisse paraître, « Le justicier de New York » ne se considère pas comme une superstar, titre auquel il a pourtant bien droit. « Je ne pense jamais à la célébrité, avoue-t-il. Je suis un acteur, c'est tout. Mais ce milieu du cinéma, je ne l'aime pas, et je ne le fréquente pas ». Le vrai bonheur de Charles Bronson, ce n'est pas de tourner des films. « C'est auprès de ma femme et de mes enfants que je me sens bien. C'est là qu'est ma place ». Et le plus bizarre, c'est d'apprendre que Bronson déteste son physique et sa voix. Pour ces deux raisons, il évite à tout prix de voir ses propres films, quand cela lui est possible, bien évidemment ! Comme il l'avoue : « Je n'aime pas me voir sur un écran et je déteste m'entendre. Je hais le son de ma propre voix, et je n'ai jamais l'air que je voudrais me donner. J'espère toujours que je vais enfin finir par ressembler à Rudolph Valentino, et je suis toujours beaucoup surpris ». Et nous donc, alors !... ●

un flingue a gun
à la faveur de with the help of
avouer to acknowledge, confess

1 Does Charles Bronson give a lot of interviews?
2 What does he think about the life style which goes with being a star?
3 What does he like more than making films?
4 What does he avoid doing and why?

Si vous étiez vedette de cinéma ou de la musique pop que feriez-vous? Ecrivez un paragraphe à ce sujet. Complétez:

Si j'étais très célèbre,
  j'achèterais . . .
  j'habiterais . . .
  je mangerais . . .
  j'épouserais . . .
  je quitterais . . .
  j'irais . . .
  je passerais mes vacances . . .

Pour avoir une place . . .

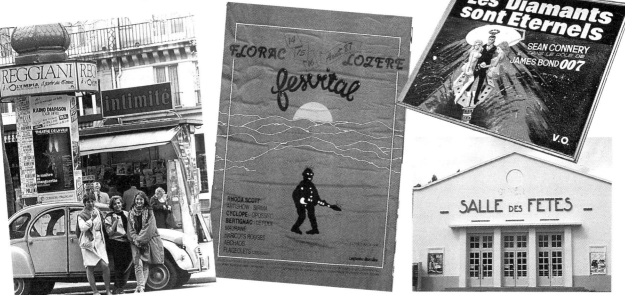

Si vous allez à un concert, une pièce, un film, ou un match, savez-vous ce qu'il faut dire à l'entrée? Vous comprenez ces expressions?

Une place, s'il vous plaît.
Deux places au balcon.
Je voudrais trois places à l'orchestre.
La pièce commence à quelle heure?
Le match commence à quelle heure?
La séance finit à quelle heure?
C'est combien?
Il y a une réduction pour étudiants?

Qu'est-ce que c'est comme film?
C'est | un film d'amour?
     | un film policier?
     | un film d'épouvante?
     | un film comique?
La pièce a déjà commencé?
C'est complet?
On peut acheter des boissons à l'entr'acte?

◣ Travaillez avec un partenaire pour inventer des conversations à l'entrée de **1** un cinéma; **2** un stade. Il faut inventer le prix d'entrée, les heures etc.

A propos . . .

Complétez:

A mon avis . . .
Le meilleur acteur est . . .   Le plus mauvais acteur est . . .
La meilleure actrice . . .   La plus mauvaise actrice . . .
Le meilleur film . . .   Le plus mauvais film . . .
Le meilleur chanteur . . .   Le plus mauvais chanteur . . .
La meilleure chanteuse . . .   La plus mauvaise chanteuse . . .
Le meilleur footballeur . . .   Le plus mauvais footballeur . . .
(Continuez si vous pouvez.)

Ecrivez un paragraphe à un(e) correspondant(e) dans lequel vous exprimez vos opinions sur les meilleurs et les plus mauvais acteurs etc.

24 Les loisirs 3

Donnez vos opinions

Qu'est-ce que vous pensez des films, des pièces ou des concerts auxquels vous avez assisté ou des disques que vous avez entendus ou des émissions que vous avez vues à la télé? Voici des expressions pour vous aider à donner vos opinions.

C'est	très	agréable.
C'était	assez	amusant.
		bien.
		intéressant.
		chouette.
		passionnant.
		ennuyeux.
		mauvais.
		moche.

Qu'est-ce que tu penses	du dernier disque de Renaud?
Qu'est-ce que vous pensez	de l'équipe de football française?
	des films de Sylvester Stallone?
	de la télévision française?

(assez) formidable.
(assez) sensass.
(assez) affreux.

pas mal.

Qu'est-ce que vous avez pensé	du match?
Qu'est-ce que tu as pensé	du film?
	du disque?
	de la pièce?
	du concert?
	du documentaire sur l'Afrique?

extrêmement	amusant.
	intéressant.
	ennuyeux.
	mauvais.

◢ Parlez de ces choses avec un(e) partenaire:

Exemple:

— Qu'est-ce que tu as pensé du match France-Angleterre?

— C'était formidable. L'équipe anglaise est sensass!

— C'était ennuyeux. L'équipe française était si mauvaise.

Rocky K.O.

Read this article about Sylvester Stallone. Which awards did Sylvester and his family receive in the Golden Raspberry awards?

rocky ko

Alors que Hollywood affichait fièrement la liste de ses nouveaux Oscars, Sylvester Stallone était mis KO par le jury qui distribue les Golden Raspberry Awards... Voici coup par coup le verdict, vraiment sévère, des juges !

Plus mauvais acteur : Sylvester Stallone
Plus mauvais metteur en scène : Sylvester Stallone
Plus mauvais scénario et plus mauvais film : « Rambo » avec Sylvester Stallone
Plus mauvaise actrice : Mme Sylvester Stallone
Plus mauvais deuxième rôle : Mme Sylvester Stallone dans Rocky IV
Plus mauvais compositeur : Frank Stallone, le frère de qui vous savez !

Récemment

▰ En travaillant avec un(e) partenaire, faites une liste de films et d'émissions de télé que vous avez vus récemment et de disques que vous avez entendus. Ensuite discutez-les en français.

Dites-le à votre correspondant(e)

Ecrivez un paragraphe dans lequel vous racontez *par exemple* une sortie au cinéma.

Exemple:

L'autre soir je suis allé(e) . . .

J'ai vu . . .

C'était . . .

Je suis rentré(e) chez moi vers . . . heures.

🔊 Dis-moi un peu . . .

Ecoutez ces jeunes qui parlent de leurs passe-temps etc.

du patin à roulettes roller skating
peindre to paint
la peinture painting

1 Which sporting activities does Fleur do?
2 Which team does she play in?
3 What else does she like?
4 What hobbies does she have?
5 Does she do water or oil painting?
6 Is she a member of any clubs?
7 Why doesn't she have any favourite TV programmes?

la soie silk
la couture sewing

1 Which sporting activity does Blandine prefer?
2 What are her hobbies?
3 Who helps her?

1 Which sports does Sylvain prefer?
2 Which club is he a member of?
3 When does he play football?
4 When does he play tennis?
5 What else does he like doing?
6 What does he like watching on television?
7 Does he go to the cinema?
8 Which instrument does he play?
9 What doesn't he like?

Quels sont vos passe-temps?

C'est votre tour. Complétez pour savoir comment parler de vos passe-temps:

Comme sport je fais . . .
Je fais beaucoup de . . .
J'aime bien . . ./Je préfère . . ./J'adore . . .
Je pratique . . . à l'école.
Je participe à une équipe de . . .
Comme passe-temps j'aime . . .
Je suis membre d'un club de . . .
Mes programmes préférés à la télé sont . . .
Mes vedettes préférées sont . . .
Comme instrument de musique je joue de . . .
. . .? Je n'aime pas ça.
J'ai horreur de . . .

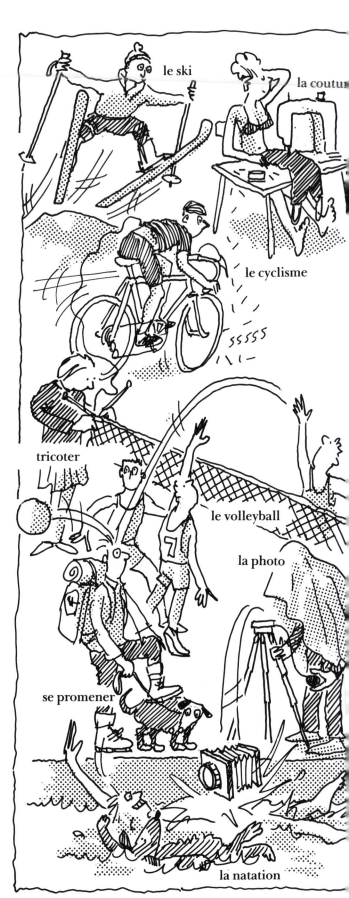

le ski
la coutur
le cyclisme
tricoter
le volleyball
la photo
se promener
la natation

la peinture

la gymnastique

le piano

la trompette

le violon

la danse

le basket

jouer avec les copains/copines

les dessins animés

Dire un peu plus!

Si l'on vous pose une question de la sorte: *'Est-ce que tu aimes (vous aimez) la musique classique?'* essayez d'éviter des réponses trop brèves comme simplement **oui** ou **non**. Essayez plutôt de dire:

— Oui, j'aime bien la musique classique. C'est très agréable. Mon compositeur préféré est Ravel.

Ou:

— Non, pas vraiment. Enfin, il y a des choses que j'aime mais je préfère le reggae.

◢ Travaillez avec un(e) partenaire

Posez ces questions à un(e) ami(e) et répondez-y vous-même.

Qu'est-ce que tu fais comme sport?
Quels sont tes passe-temps?
Qu'est-ce que tu aimes faire le weekend?
le soir? pendant les vacances?
Qu'est-ce que tu penses de la télé?
Quelle est ta vedette préférée?
Quelle est ton émission préférée?
Tu aimes le cinéma?
Tu es membre d'un club?
Tu aimes la musique?
Tu joues d'un instrument?

Ecrivez-le

Ecrivez quelques paragraphes où vous parlez de vos passe-temps etc. Posez aussi des questions:

Et toi? Quels sont tes passe-temps?

25 Les loisirs plus...

On rigole chez M. Court

M. Court est l'homme qui nous a fait visiter la ville de Melle.
Nous sommes maintenant chez lui, autour de la table, après le
dîner. M. Court raconte des histoires drôles. Les comprenez-
vous?

un virage a bend
la roue de secours the spare wheel
un estivant a holiday maker
le plus haut the highest
assis seated
sans maître without his master

un fou a madman
un tuyau en ciment a concrete pipe
un traversin a pillow (bolster)
de la plume feathers
un boulon a bolt
la coupe Davis the Davis cup
des vis screws

1 Which wheel did Keith choose?

3

2 According to M. Court, how high is the
Eiffel tower?

4

100

Je ne suis pas sportif (sportive)

Ecoutez Géraldine Métais.

1 Which sport does she do a little bit of?
2 She jogs as well – when?
3 What does Géraldine call jogging instead of a sport?

Maintenant lisez cette lettre d'une autre fille qui se dit «pas sportive».

«Je ne suis pas sportive»

Alexandra 16 ans

Chère Geneviève,
Les vacances sont bientôt finies pour moi et je n'ai toujours pas fait de sport. En fait je ne suis pas sportive, seulement je voudrais, pour la dernière semaine qu'il me reste, faire du jogging. Comment puis-je m'y prendre pour ne pas être trop fatiguée? Ta rubrique est super et elle m'a toujours beaucoup aidée. Gros bisous.

Chère Alexandra,
Quand on n'est pas sportif, l'intensité, la durée et la difficulté de l'activité physique doivent être progressives. D'ailleurs, après plusieurs semaines d'inactivité, démarrer par le jogging, ne me semble pas un choix forcément judicieux. Mieux vaudrait, dans ton cas, commencer par de la marche à pied, puis passer au vélo et enfin au jogging. Inutile de marcher pendant des heures, tu te fatiguerais et l'effort ne te serait pas profitable. Une demi-heure trois fois par semaine, en suivant ton propre rythme est suffisante. Ce n'est que la deuxième semaine que tu pourras allonger la cadence et le temps. Evidemment, tu ne seras plus sur ton lieu de vacances mais il t'est peut être possible de continuer à pratiquer une activité physique aux alentours de chez toi. Rappelle-toi également qu'avant et après tout effort physique il faut boire de l'eau pour lutter contre la déshydratation, et prendre le matin, un solide petit déjeuner pour éviter les « coups de pompe ». Enfin si tu pouvais, par la suite, te rendre à ton école en bicyclette, tu concilieras sport et travail sans que cela te coûte beaucoup. Grosses bises.

1 How old is Alexandra?
2 How many weeks of the holiday are left?
3 What does she want to do in that time?
4 Which stages does Geneviève suggest before she starts jogging?
5 How much exercise does she suggest per week to start with?
6 What is Alexandra advised to do before and after physical exercise?
7 What does she suggest as an ideal way of keeping fit?

Et vous? Etes-vous sportif/sportive?

Ecrivez un paragraphe à un(e) correspondant(e) français(e).
Dites-lui si vous êtes sportif/-ive.

Quels sports aimez-vous pratiquer?
Est-ce que vous aimez regarder le sport ou est-ce que vous
préférez en faire?
Quels sports aimez-vous regarder?
Aimez-vous mieux les regarder à la télé ou sur place?
Pensez-vous qu'on passe trop de sport à la télé?

Voici des expressions qui pourraient vous être utiles:

J'aime pratiquer . . .
Je préfère . . .
J'aime regarder . . .
J'aime mieux . . .
Je pense que/Je ne pense pas que . . .

▣ Hélène – maître-nageur

Hélène surveille la piscine à Melle. En plus,
elle donne des cours de natation. C'est-à-dire
qu'elle est *maître-nageur*.

Ecoutez-la maintenant, qui parle des jeunes et
de la natation. Répondez aux questions en
anglais.

1 At what age do young people generally stop
  taking an interest in the swimming club?
2 What do they prefer to do instead of
  training?
3 What is the age at which young people
  generally stop swimming for fun and go to
  the 'bistros' instead?

102

Vivre ensemble: les immigrés parmi nous

Depuis toujours des gens ont quitté leur pays pour aller vivre dans un autre. La France, comme presque tous les autres pays du monde, a reçu un nombre important d'immigrés: essentiellement des Portugais, des Algériens, des Italiens, des Marocains, des Espagnols, des Tunisiens et des Turcs. Malheureusement, comme partout dans le monde où il y a une population étrangère, le racisme existe en France. Lisez ce passage sur les mesures prises par le gouvernement français par rapport aux écoles. Répondez aux questions en anglais.

Les jeunes immigrés et l'école

Un taux d'échec scolaire élevé : il y a dans les écoles françaises 925.000 enfants étrangers, soit 8 % des effectifs totaux. Leur scolarité est dans l'ensemble courte et difficile.

Ils représentent en 1980 :
• 9,3 % des élèves de l'enseignement public primaire,
• 5,7 % des élèves du secondaire,
• 2,8 % dans le 2ᵉ cycle long.

20 % des enfants immigrés quittent l'école sans savoir lire ou écrire.

La différence culturelle : leur difficulté provient des différences de langue, de religion, de coutume... On constate en effet que lorsqu'ils sont bien insérés dans la société française, les enfants étrangers ont beaucoup moins de problèmes. Ainsi à Paris, la proportion la plus forte d'immigrés se trouve dans les 4ᵉ et 6ᵉ arrondissements et les retards scolaires y sont rares.

Des solutions : dans le primaire, des classes d'initiation de 20 élèves au maximum sont créées pour les enfants qui ne parlent pas le français. Dans le secondaire, des classes d'adaptation permettent de mieux maîtriser la langue française.

11 centres de formation (CEFISEM) ont été créés pour les enseignants qui ont des classes avec beaucoup d'étrangers.

Les zones d'éducation prioritaires (Z.E.P.) instituées en septembre 1982, permettent de renforcer les moyens d'enseignement dans les quartiers où les retards sont importants et où le nombre d'immigrés est souvent élevé.

L'école est la clé d'une insertion réussie. C'est là que jeunes Français et jeunes immigrés doivent apprendre à vivre et travailler ensemble.

un taux a rate
un échec a failure
élevé high
les effectifs totaux the total strength
provenir de to come from
une coutume a custom
constater to state, to establish
inséré integrated
ainsi thus
un arrondissement a district (in Paris)
une classe d'initiation a 'starter' class
maîtriser to master
un centre de formation a training centre
un enseignant a teacher
prioritaire priority
institué set up
renforcer to strengthen, reinforce
un retard slow progress

1 Which two words are used to describe the school life of immigrants in the first paragraph?
2 What is said about 20% of immigrant children?
3 What are the causes of slow progress in immigrant children?
4 What happens when they are well integrated into society?
5 What steps has the government taken to solve the problems?

26 La santé 1

Santé passe richesse!

La santé, c'est un cadeau très précieux. Si vous voulez garder la forme, il y a des choses à faire et des choses à ne pas faire. Regardez la liste qui suit. Mettez chacune des phrases sous le bon titre: **Il faut** . . . ou **Il ne faut pas** . . .

Pour être en bonne santé:

Regarder la télé jusqu'à une heure du matin.
Manger beaucoup de fruits.
Boire beaucoup de vin et de bière.
Fumer des cigarettes, une pipe.
Faire de l'exercice.
Manger des gâteaux à la crème.
Faire du vélo tous les jours.
Vous coucher de bonne heure.
Passer tous les soirs en boîte.
Boire de l'eau.

Discutez vos listes avec un partenaire.

Par exemple:

A mon avis, pour garder la forme il faut faire de l'exercice mais il ne faut pas fumer.

Faites un poster pour coller au mur: «Pour être en bonne santé».
Donnez de bons conseils aux lecteurs.

Vin empoisonné: trois morts à Milan

Vin empoisonné : trois morts à Milan

TROIS PERSONNES SONT MORTES A MILAN et deux autres ont été gravement intoxiquées après avoir absorbé du vin du Piémont contenant de l'alcool méthylique en quantité supérieure à celle autorisée par la loi.

Le vin, produit par la société Vincenzo Odore installée près d'Asti, et vendu dans trois chaînes de supermarchés, a été retirée de la vente et saisi par les carabiniers. Entre 10 000 et 15 000 bouteilles étaient livrées chaque semaine par la société vinicole.

Quelques 3 000 hectolitres ont été mis sous séquestre dans les caves du producteur, M. Carlo Odore, qui a qualifié d'« **inexplicable** » la présence d'alcool méthylique en telle quantité. Il a affirmé que les différentes analyses effectuées depuis 15 ans sur ses produits, tant par les services anti-fraudes que par les chaînes de supermarchés, n'avaient jamais rien révélé de suspect.

Pour sa part, le président de la chambre de commerce d'Asti, M. Vittorio Vallarino Gancia, a exclu que l'alcool méthylique ait été ajouté pour améliorer la qualité du vin ou augmenter son taux d'alcool. Selon lui, « **le poison a pu être introduit seulement par une main criminelle** ».

Your friend has read this article already and tells you something about it. Her French isn't all that good! Decide if she has made any mistakes by reading the article yourself:

1 All together five people were affected by the poisoned wine.
2 The wine was made in France.
3 It was sold in three supermarket chains.
4 Ten thousand policemen took part in raids to seize the wine.
5 M. Vallarino thinks the poison had been introduced by accident.

Les radios et la cigarette

Regardez cette lettre écrite par un garçon qui fume.

une radio(-graphie) an X-ray
à raison de at the rate of
les poumons the lungs
je m'inquiète I am worried
tout de même all the same
tirer to 'drag', draw
y compris including
avaler to swallow
dénoncer to betray
des ennuis problems

Un fidèle lecteur 14 ans

"Les radios et la cigarette"

Chère Geneviève, _____
J'ai 14 ans et comme les gens de mon âge, je fume depuis bientôt trois ans à raison de deux à trois cigarettes par jour sauf les mercredi, samedi et dimanche, car mes parents ne savent pas que je fume. Seulement je dois passer des radios des poumons. Est-ce que l'on verra que je fume ? Je m'inquiète un peu tout de même. Rassure-moi.
Cher fidèle lecteur, _____
Tout d'abord, non, tous les jeunes de ton âge ne fument pas ! Il y en a encore beau-

coup qui refusent de tirer sur une cigarette, y compris les jours où ils ne sont pas avec leurs parents. Ensuite, tu n'as pas à t'inquiéter ce ne sont pas quelques cigarettes (surtout si tu n'avales pas la fumée) qui vont te « dénoncer » au travers d'une radio. Mais enfin, ne crois-tu pas qu'il serait plus simple de t'arrêter complètement pour éviter les ennuis avec tes parents et plus tard, plus grave, les ennuis de santé ? Moi, c'est ce que je ferais.

1 How long has he been smoking and how many cigarettes does he smoke each day?
2 Why doesn't he smoke on certain days?
3 Why is he worried about having an X-ray?
4 What answer does Geneviève give?
5 What does she say is the best thing to do for his long-term health?

Vous êtes souffrant(e)?

Les expressions essentielles: Vous les comprenez?

J'ai mal	à la	tête.	Je suis grippé(e).	J'ai mal au cœur.	Je transpire.
		gorge.	J'ai la grippe.	J'ai vomi.	Je tousse.
		jambe.	J'ai été piqué(e) par ...	Je suis enrhumé(e).	J'ai pris un coup de soleil.
	à l'estomac.		J'ai de la température (de	J'ai un rhume.	Je me suis cassé le bras, etc.
	au	bras.	la fièvre).	La tête me tourne.	Je me suis foulé la cheville, etc.
		dos.	Je tremble.		Je me suis coupé le doigt, etc.
		ventre.	J'ai froid.		Je me suis brûlé la main, etc.
	aux	dents.	J'ai chaud.		
		yeux.	J'ai soif.		

Chez la pharmacienne

Même si vous faites de l'exercice et si vous suivez un régime sain, vous allez tomber malade de temps en temps. Puisque vous devez payer jusqu'à 30% des frais d'un traitement médical en France, si vous ne souffrez pas trop, il vaut mieux aller, d'abord, à la pharmacie. S'il est nécessaire d'aller à l'hôpital ou chez un médecin, la pharmacienne (le pharmacien) vous conseillera.

Ecoutez maintenant ces trois conversations dans une pharmacie en France.

avaler to swallow

1 **a** What is wrong with the man?
   b What does the chemist ask about his symptoms?
   c What remedy does she suggest?

d How much is it?
e What is the daily dose?

des cloques blisters
un lait apaisant a soothing cream
une pommade an ointment
un pansement a dressing

2 **a** What is wrong with the man?
   b How many times a day should he change the dressing?
   c How much does the ointment cost?

des comprimés tablets

3 **a** What is wrong with the man?
   b What does the chemist suggest?
   c What is the maximum dose per day?
   d Which size box does the man buy?
   e How much does it cost?

Quelques remèdes

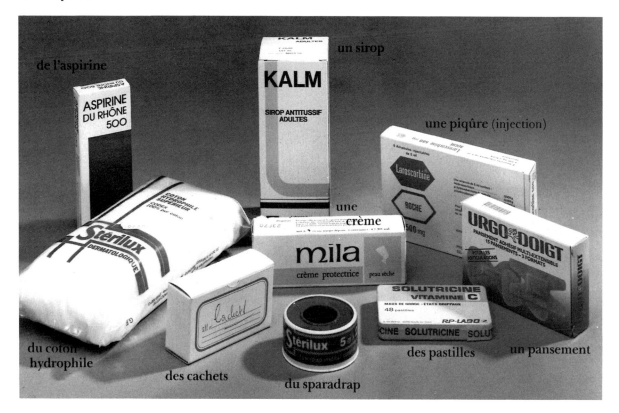

de l'aspirine — un sirop — une piqûre (injection) — une crème — du coton hydrophile — des cachets — du sparadrap — des pastilles — un pansement

Ceci pourrait être utile ...

| Vous supportez | l'aspirine?
la pénicilline? | Can you take | aspirin?
penicillin? |

Je ne supporte pas la pénicilline. I can't take penicillin.

Envoyez un message ...

Vous avez été invité(e). Vous souffrez, donc vous ne pouvez pas y aller. Ecrivez un mot d'excuse ...

Where you were going	When	Why you can't
party	this evening	headache
swimming pool	tomorrow	cut foot
beach	this afternoon	sunburn
cinema	Friday evening	flu
restaurant	Saturday	toothache
disco	today	sore back

Exemple:

Excuse-moi. Je ne peux pas venir à la boum ce soir car j'ai mal à la tête.

27 La santé 2

Les gags!

Lisez ces blagues. Pourriez-vous les raconter à un(e) ami(e) qui ne parle que l'anglais?

Un type complètement myope arrive chez un oculiste :
— Que lisez-vous sur ce tableau ?
— Où ça… Quel tableau ?

Un type se fait écraser par un rouleau compresseur. Ses amis l'amènent aussitôt chez un médecin à côté du lieu de l'accident. Ils frappent à la porte du docteur :
— Toc, toc, toc…
— Qu'est-ce que c'est ?
— Docteur, c'est un ami qui s'est fait rouler dessus par un rouleau compresseur.
— O.K. Alors glissez-le sous la porte, s'il vous plaît !

— Qui a inventé l'engrenage ?
— Un Autrichien.
— Très bien, parfait. Et qui a inventé la Tyrolienne ?
— Le même Autrichien, le jour où il s'est coincé les doigts dans l'engrenage.

Deux médecins se rencontrent :
— Oh là, mon vieux, tu n'as pas l'air d'aller !
— Tu parles, j'ai attrapé une mauvaise grippe.
— Comment ça ?
— C'est un patient qui me l'a refilé hier. Il est venu au cabinet pour une consultation. Je lui ai dit de prendre quelque chose de bien chaud.
— Et alors ?
— Il est parti avec mon pardessus !

Un farceur invétéré arrive dans un café avec les yeux au beurre noir. Ses amis s'étonnent :
— Que t'est-il arrivé ?
— Eh bien dit le type, j'ai des insomnies et sur le coup de 3 heures du matin, histoire de rigoler un peu, je fais des numéros de téléphone au hasard et je demande à mon correspondant : « Devine vite qui c'est… »
— Et alors ?
— Et bien, hélas hier quelqu'un a deviné.

---

un rouleau compresseur a (steam) roller
un farceur invétéré a confirmed practical joker
les yeux au beurre noir black eyes
s'étonner to be astonished
j'ai des insomnies I'm suffering from sleeplessness
rigoler to have a laugh
au hasard at random

deviner to guess
myope short-sighted
un oculiste (un opticien) oculist (optician)
refiler to give
un pardessus an overcoat
l'engrenage gears
la Tyrolienne a yodelling song
se coincer les doigts to trap one's fingers

Il faut rire, quand même!

Regardez d'abord cette bande dessinée.

L'homme a glissé sur le skateboard que Félix avait laissé dans l'entrée. Où est-ce qu'il s'est fait mal? Qu'est-ce qu'il va dire au médecin? Complétez:

«Oh, docteur, je souffre. J'ai … Je me suis fait mal à … La tête me … Vous avez quelque chose pour ça?»

Qu'est-ce que le médecin va répondre?

«Oh, ce n'est pas … Vous devez vous … Je vais vous donner …»

Une journée avec Michael Jackson

1 What nationality is Donna?
2 What had happened to her?
3 What did Michael Jackson do when he learnt he was her favourite star?
4 What did he invite Donna to do?

109

⬛ Ils se sentent malades

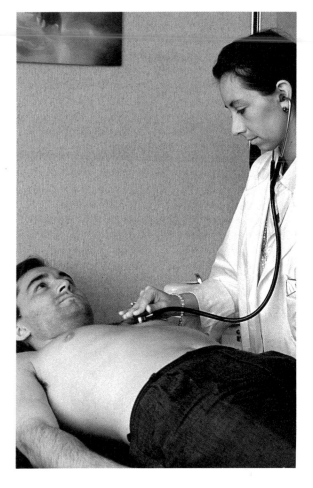

1 Ce jeune homme passe une nuit dans une auberge de jeunesse. Il commence à se sentir mal. Il va voir le gardien.

Je ne me sens pas très bien. I don't feel very well.

J'aimerais bien voir un docteur. I'd like to see a doctor.

Je voudrais utiliser le téléphone. I'd like to use the telephone.

Est-ce que je pourrais prendre un rendez-vous? Could I make an appointment?

Je vous remercie beaucoup Thanks a lot.

a What does the young man want to do?

b What does the warden say about the infirmary?

c What is the doctor's telephone number?

d What are the man's symptoms?

e What time will his appointment be?

2 Cet homme est chez le docteur.

J'ai des douleurs à la poitrine. I have pains in my chest.

Défaites votre chemise. Undo your shirt.

Respirez. Breathe.

Ça fait mal? Does that hurt?

Ça fait longtemps que vous avez mal comme ça? Has it been hurting for long?

Vous êtes assuré(e)? Are you insured?

Je vais vous faire une ordonnance. I'll give you a prescription.

a What is wrong with the man?

b How long has he been in pain?

c What medicine is he taking?

d Is he insured?

e What does the doctor decide to do?

◢ Dans une famille française

Vous savez ce qu'il faut faire si quelque chose ne va pas. Mais
imaginez la situation suivante: vous séjournez dans une famille
en France. Pourriez-vous alors exprimer vos besoins de tous les
jours? Testez-vous en regardant ces images.

Choisissez ici si nécessaire!

Je peux . . .?	regarder la télé.	
Puis-je . . .?	écouter un disque (la radio).	
Est-ce que je peux . . .?	avoir du savon (du dentifrice).	
Je voudrais . . .	emprunter	une serviette.
		un essuie-mains.
		un sèche-cheveux.
	prendre	une douche.
		un bain.
	téléphoner à mes parents.	
	me coucher.	
Pouvez-vous	me prêter une serviette? (etc.)	
Peux-tu		

Une lettre à un(e) correspondant(e)

Il y a quelques jours, vous êtes tombé(e) malade. Complétez cette lettre.

Il y a . . . . . . jours je ne me sentais pas bien. Je
suis allé(e) voir . . . . J'avais mal . . . . . . et
. . . . Le docteur m'a donné . . . . Il veut
me revoir dans . . . . . . semaines. Ça va
mieux maintenant !

28 La santé 3

Attention! Protégez-vous!

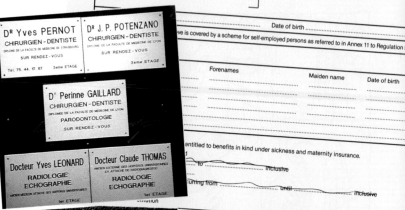

La France comme la Grande-Bretagne et l'Irlande fait partie de la CEE (la Communauté Economique Européenne). C'est ce qu'on appelle d'habitude *le marché commun*.

Si vous visitez les pays du marché commun, vous avez les mêmes droits aux services médicaux que les citoyens de ces pays, à condition d'avoir rempli un formulaire avant de quitter votre propre pays.

Mais attention! Les Français, eux-mêmes, doivent payer directement au médecin, au dentiste, ou au pharmacien les frais d'une consultation ou d'un traitement. L'état les rembourse plus tard à raison d'entre 70% et 90%.

Donc, si vous tombez malade en France, vous risquez par exemple de payer jusqu'à 30% des frais d'un séjour à l'hôpital. Ça peut revenir cher!

Ne vous inquiétez pas – la solution est facile et peu chère: avant de partir, vous prenez une assurance privée. Renseignez-vous dans les agences de voyages!

1 In order to make sure of your rights to medical services in Common Market countries, what should you do before going abroad?
2 When French people visit the doctor, the dentist, or the chemist what do they do that British people don't have to do?
3 What percentage of medical costs do they get back?
4 What can you do to avoid the risk of huge medical bills when you go abroad?
5 Name one place where you can go for information about this.

⬛ Ouvrez bien grand!

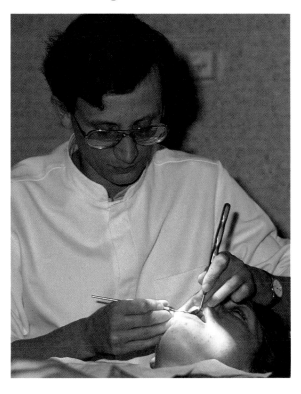

Cet homme a mal aux dents. Donc il va chez le dentiste . . .

Listen very carefully for these expressions:

Qu'est-ce qui ne va pas? What is wrong?
Asseyez-vous, je vous prie. Sit down, will you?
Appuyez-vous. Lean back.
Avez-vous mal ici? Does it hurt here?
une carie a cavity
Ne bougez pas. Don't move.
Vous voulez cracher? Will you spit out?
un pansement a dressing
Ouvrez bien grand! Open wide!
un trou a hole, cavity
Je vous dois combien? How much do I owe you?
une consultation a consultation
Vous vous ferez rembourser. You'll get your money back.

1 Where is the tooth that hurts?
2 What is the man told to do when he gets back to Britain?

◢ Prenez un rendez-vous chez le dentiste

Travaillez avec un partenaire. Vous êtes en France et vous avez mal aux dents. Téléphonez à un dentiste pour prendre un rendez-vous. Ces expressions vous seront utiles:

Je voudrais prendre un rendez-vous avec le dentiste.
le plus tôt possible
C'est urgent.
J'ai perdu une dent.
J'ai perdu un plombage (*a filling*).
J'ai mal aux dents.
J'ai mal aux gencives (*gums*).
Je me suis cassé une dent.
Vous souffrez depuis combien de temps?
Depuis hier/ce matin/deux jours . . .

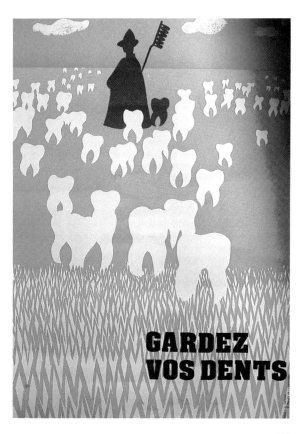

GARDEZ VOS DENTS

Si on remplissait un constat?

En cas d'accident de la route en France, il est souhaitable de remplir *un constat*. C'est, tout simplement, un formulaire que tous les conducteurs français portent avec leur permis de conduire. Si vous visitez la France en moto ou en voiture vous pouvez en obtenir un auprès de votre compagnie d'assurances.

constat amiable d'accident automobile

à signer

Ne constitue pas une reconnaissance de responsabilité, mais un relevé des identités et des faits, servant à l'accélération du règlement

| 1. date de l'accident | heure | 2. lieu (pays, n° dépt. localité) |
| 4. dégâts matériels autres qu'aux véhicules A et B | 5. témoins noms, adresses et tél. (a souligner s'il s'agit d'un |

non ☐ oui ☐ *

véhicule A

6. assuré souscripteur (voir attest. d'assur.)

Nom (majusc.)

Prénom

Adresse (rue et n°)

Localité (et c. postal)

N° tél. (de 9 h. à 17 h.)
L'Assuré peut-il récupérer la T.V.A. afférente au

12. circonstances
Mettre une croix (x) dans chacune des cases utiles pour préciser le croquis.

1 en stationnement 1
2 quittait un stationnement 2
3 prenait un stationnement 3
4 sortait d'un parking, d'un lieu privé, 4 d'un chemin de terre

IL FAUT REMPLIR UN CONSTAT

Appel à témoins

Grenoble
Appel à témoins

Grenoble. — Lundi vers 19 h 50, un grave accident avait lieu à Echirolles, au niveau du 10 rue de Stalingrad.

Un jeune homme, M. Jean-Cyril Renoux, 20 ans, qui circulait à vélo avait été gravement blessé.

Les services de police demandent à la personne qui conduisait un véhicule blanc, témoin de l'accident.

Cette personne peut prendre contact avec l'hôtel de police de Grenoble, en téléphonant au 76.47.47.47 poste 277.

un appel a call, an appeal
un témoin a witness
grave serious
avoir lieu to take place
circuler to travel, ride

Cet accident a eu lieu ... soir vers ..., rue ... Un homme âgé de ... qui ... à vélo a été ... La police cherche le conducteur d'... Cette personne doit ... le plus tôt possible.

Témoin!

Si, par hasard, vous êtes témoin d'un accident en France, pourrez-vous expliquer à un agent de police ce qui s'est passé? Voilà des phrases utiles: les comprenez-vous?

Voulez-vous téléphoner à la police?/aux pompiers?/au S.A.M.U.?

Appelez police-secours, s'il vous plaît!

Je voudrais contacter le consulat britannique/ irlandais.

C'est urgent!

Il y a eu un accident.

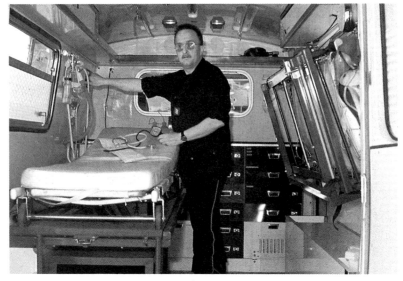

S'il y a un accident, le S.A.M.U. (le service d'aide médicale urgente) est vite sur place.

C'est grave!

Ce n'est pas grave.

Il y a trois blessés.

Il y a deux morts.

Il est gravement blessé.

Elle est morte.

Au secours!

Attention!

Elle a brûlé un feu rouge.

Il ne s'est pas arrêté au stop.

Elle sortait d'un parking.

Il roulait trop vite.

Elle virait à gauche.

Elle dépassait un poids-lourd.

Le chemin était mouillé.

Il a freiné. Elle a dérapé.

Il a renversé un piéton.

Elle traversait la rue.

Elle a heurté une voiture en stationnement.

Il reculait.

J'étais sur le trottoir.

J'ai demandé à un passant de m'aider.

Ce n'était pas de ma faute!

C'était la faute du moto-cycliste.

🎧 Ecoutez les témoins!

Toutes ces personnes ont été témoin d'un accident . . .

1 a What colour was the car involved?
 b What was it doing at the time of the accident?
 c Which other vehicles were involved?
 d Who was injured?

2 a What were the two vehicles involved?
 b What did the larger vehicle do wrong?
 c What was the smaller vehicle doing at the time?

3 a What had the coach done wrong?
 b What did the coach crash into?
 c Which two things meant that only the coach driver was injured?
 d What injury did the driver suffer?

4 a Which vehicle knocked the pedestrian over?
 b Whose fault was the accident?

Ecoutez les témoignages plusieurs fois, puis **1** dessinez un plan de ce qui s'est passé dans chaque cas; ou **2** écrivez un rapport pour la police française sur chaque accident.

29 La banque et la poste

Au bureau de change

Quand vous voyagez dans un pays étranger il faut changer de l'argent. Savez-vous changer de l'argent en France? Comprenez-vous les phrases suivantes?

Est-ce qu'il y a un bureau de change près d'ici?
C'est quel guichet pour changer de l'argent?
Je voudrais changer de l'argent.
Je voudrais toucher un chèque.
Voilà ma carte bancaire.
Puis-je encaisser un chèque de voyage?
Vous acceptez l'argent anglais?
Je voudrais changer 20 livres sterling.

Est-ce que je peux changer 25 livres irlandaises?
Quel est le cours de change?
C'est combien le taux d'échange?
La livre est à combien?
Je peux avoir des billets de 20 francs?
Donnez-moi des pièces de 10 francs, s'il vous plaît.
Vous avez une pièce d'identité?
J'ai mon passeport, ça va?
Signez ici.
Signez là.
Passez à la caisse, s'il vous plaît.

⊞ Combien?

Ecoutez ce touriste. Qu'est-ce qu'il fait?

1 Does the man want to change notes or
travellers' cheques?
2 What is the rate of exchange?
3 How many francs will he get?
4 Listen very carefully again and find out how
many pounds he was wanting to change.

◢ C'est à vous!

Combien voulez-vous changer?

Exemple:

Je voudrais changer
25 livres sterling
en argent français,
s'il vous plaît.

1

2

3

4

5

6

Vous avez de la monnaie?

Si vous achetez des francs dans une agence de voyages ou dans une banque avant de partir pour la France, d'habitude on vous donne des billets de 20 francs, 50 francs, 100 francs et même plus! Donc, une fois arrivé(e) en France, il est nécessaire de demander de la monnaie. Vous pouvez faire cela, par exemple, dans un café, dans un magasin ou dans une banque. Regardez cet exemple, puis décidez de ce qu'il faut dire dans chaque cas.

Vous êtes au café. Vous voulez jouer aux flippers. Vous n'avez qu'un billet de 20 francs.

Pardon, je peux avoir dix pièces d'un franc et deux pièces de cinq francs, s'il vous plaît?

1 Vous avez un billet de banque français qu'il faut partager entre vous et quatre camarades.

2 Vous devez 5 francs à vos deux amis. Vous n'avez qu'une seule pièce d'argent.

3 Vous voulez téléphoner mais vous n'avez qu'un billet de 50 francs.

4 Vous voulez des photos de vous-même,
mais vous n'avez qu'un billet de 100 francs.

6 Vous voyagez en voiture. Vous voulez
stationner à un parcmètre mais vous n'avez
que des billets de 20 francs.

5 Vous voulez des timbres,
mais vous n'avez qu'un
billet de 50 francs.

Vous désirez . . .
recevoir votre courrier?

1 How many numbers are
there in a French postcode?
2 What must you take with
you to the post office if you
want to collect mail or draw
out money?

. . . expédier vos envois?

1 Name three places where
you can buy stamps.
2 What must parcels which
are going outside France
have stuck on them?
3 What is the heaviest parcel
that can be sent by air?
4 If you have a parcel for
surface mail heavier than
5kg, what can you do with
it?
5 What does Service
Posteclair do?

...recevoir votre courrier

• Votre adresse en France comporte un
numéro de code à 5 chiffres ; n'oubliez
pas de le communiquer à vos corres-
pondants.
• Le courrier adressé en "poste restante", dans une ville ayant plusieurs
bureaux, est, sauf précision, disponible
au bureau principal. Le retrait d'une
correspondance donne lieu à paiement
d'une taxe.
• Pour toute opération de retrait de
courrier ou d'argent au guichet, on vous
demandera votre passeport ou une
pièce d'identité, pensez-y !
• Un courrier parvenu après votre
départ peut vous être réexpédié. Renseignez-vous aux guichets.

...expédier vos envois

• **Les timbres-poste** : vous pouvez
vous les procurer dans les bureaux de
poste (où on vend également des aéro-
grammes), les bureaux de tabac ou les
distributeurs automatiques jaunes
disposés sur la façade de certains
bureaux de poste.

• **Les boîtes de dépôt des lettres** :
vous les trouverez à l'extérieur et à l'intérieur des bureaux de poste et dans
les lieux de fort passage du public*.
• **Paquets** : les paquets adressés à
d'autres pays jusqu'à 1 kg (ou 2 kg au
tarif des lettres) acceptés par les
bureaux de poste doivent porter exté-
rieurement une étiquette verte de
douane. Si vous voulez réaliser un
envoi rationnel et pratique, utilisez les
emballages préformés mis en vente
dans les bureaux de poste.

• **Colis postaux** : ils sont acceptés au
bureau de poste principal de chaque
localité :
– "Avion" jusqu'à 10 ou 20 kg suivant la
destination.
– "Voie de surface" jusqu'à 5 kg et jusqu'à un certain format (au-delà ils peuvent être confiés à la SNCF).

• **Service Posteclair** : national et inter-
national à votre disposition dans
400 points réseau PTT, si vous désirez
envoyer tout document urgent (plans,
graphiques, tableaux, schémas...).

30 La poste et le téléphone

Vous désirez téléphoner ...

Vous savez utiliser le téléphone en France? Comme chez vous,
vous pouvez téléphoner d'une cabine téléphonique. Regardez ces
instructions. Que feriez-vous pour téléphoner chez vous?
Expliquez à un(e) ami(e) qui ne parle pas français.

La télécarte

• **La télécarte :** elle vous permettra de
téléphoner sans souci et sans monnaie
à partir d'une cabine équipée d'un publi-
phone à cartes. Ces télécartes de 40 ou
120 unités s'achètent dans les bureaux
de poste, guichets SNCF et revendeurs
agréés reconnaissables à leur affi-
chette "Télécarte".*

1 What is the largest number of calls it is
possible to make with a **télécarte**?
2 Where can you buy one?

Ce qu'il faut dire . . .

Voici les phrases essentielles pour faire un appel téléphonique en France. Les comprenez-vous?

Il y a une cabine téléphonique près d'ici, s'il vous plaît?

Il y a une cabine téléphonique là-bas, au coin de la rue.

Ce n'est pas loin.

C'est juste après la cordonnerie.

C'est juste avant la laverie automatique.

Vous pouvez la voir?

Je peux téléphoner d'ici?

Je peux utiliser votre téléphone?

Vous pourriez me donner un jeton, s'il vous plaît?

Je pourrais avoir de la monnaie pour téléphoner?

Vous avez un annuaire?

Il n'y a pas de tonalité.

L'appareil est en panne.

Le téléphone sonne.

Allô.

Qui est à l'appareil?

C'est Nicola Bailey à l'appareil.

Je vous entends mal.

Ne quittez pas.

Je peux vous (te) téléphoner?

Je vais t'(vous) appeler plus tard.

Quel est votre (ton) numéro de téléphone?

Mon numéro de téléphone, c'est le . . .

J'ai reçu un coup de téléphone de Christine.

Veux-tu (voulez-vous) me téléphoner ce soir?

Votre nom, comment ça s'écrit?

Mon nom, c'est Clarke, C-L-A-R-K-E.

Je voudrais parler à . . .

Voulez-vous me donner le numéro de téléphone de . . . résident à . . .

Je voudrais faire un appel en PCV.

On nous a coupés!

Excusez-moi, c'est une erreur (de numéro).

Qu'est-ce qu'il faut dire?

Look back at p.121 if you need help. What would you say if . . .

1 you wanted to tell someone the phone was ringing?
2 you wanted to use someone's phone?
3 you wanted to tell someone your phone number?
4 you wanted to say that you could not hear very well?
5 you wanted to tell someone to hold the line?
6 you wanted to tell someone it was a wrong number?
7 you wanted to ask the way to a telephone box?
8 you wanted to say that the phone was out of order?
9 you wanted someone to ring you that evening?
10 you wanted to speak to someone?
11 you wanted someone to spell their name?
12 you wanted to tell someone there was a telephone box just after the cobbler's?
13 you wanted some change for the phone?
14 you wanted to complain about being cut off?
15 you wanted to make a reversed charge call?
16 you wanted to ask who was calling?
17 you wanted to tell someone you would phone later?
18 you wanted to say you had received a call from someone?
19 you wanted to say there was no dialling tone?

on nous a coupés

Et demain?

En guise d'introduction...

Le mariage du siècle!

La télématique est née à la fin des années 70 du mariage entre le téléphone et l'informatique. Technologie à part entière, elle combine les deux en utilisant l'infrastructure du téléphone et la formidable puissance de l'informatique.

De ce mariage est né le Minitel, petit terminal d'un maniement très simple après quelques heures d'utilisation. Grâce à lui vous allez pouvoir vous connecter aux milliers de services télématiques existants: commandes, réservations, météo, jeux, éducation.

ordinateur: il n'a pas de mémoire, il se contente de recevoir l'information qu'on lui transmet. Il profite – grâce au réseau de télécommunications – de l'intelligence des gros ordinateurs auxquels il se raccorde pour vous apporter l'information.

Il n'est pas ce que vous croyez être . . .

Mais attention, votre minitel n'est pas tout à fait un

Vous avez déjà appris que l'on peut commander des vêtements par **Minitel**. Mais qu'est-ce que c'est exactement le système **Minitel**? Lisez l'article suivant pour en savoir plus . . .

1 When did **Minitel** first come into being?
2 Which two things were combined to provide **Minitel**?
3 How long should it take for you to learn how to use **Minitel**?
4 Give some examples of the services provided by **Minitel**.
5 Why is **Minitel** described as not completely a computer?

▣ Pour trouver un numéro . . .

Vous pouvez chercher un numéro de téléphone dans l'annuaire. Si vous ne le trouvez pas, renseignez-vous auprès du (de la) standardiste (*operator*).

Listen to Yannick. He has forgotten his brother's telephone number. Answer the questions in English.

1 How is his brother's last name spelt and what are his initials?
2 Which town does he live in?
3 What is his number?

When Yannick rings, his sister-in-law (**sa belle-sœur**) answers.

1 What is her name?
2 Where is Yannick phoning from?
3 Why are he and his friends not leaving immediately?
4 How long will it be before they set off?
5 What time do they hope to get to her house?
6 What worries Yannick at the end of the conversation?

La «poste restante»

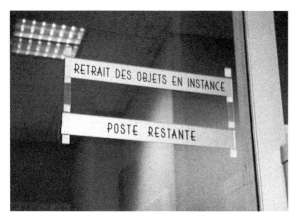

Si vous voyagez en France et vous n'avez pas d'adresse fixe, on peut vous écrire «poste restante». Tous les bureaux de poste principaux en France ont un service «poste restante». Voux devez, tout simplement, demander à vos amis d'adresser votre courrier au bureau de poste de telle ou telle ville en écrivant «poste restante» sur l'enveloppe. On gardera votre courrier pendant quinze jours. Pour le retirer vous devrez payer une petite somme. Ce serait très utile pour obtenir les résultats des examens pendant l'été!

31 Pertes et réparations

Comment est-il (elle)?

Si vous perdez quelque chose et vous allez au bureau des objets trouvés, vous devrez décrire l'article et vous aurez à remplir une fiche, une *déclaration de perte*. Regardez ces objets et choisissez la bonne description pour chacun.

1 J'ai perdu mon appareil photo. Je pense que je l'ai laissé dans le métro hier soir.

2 On a volé mon portefeuille. Je l'ai posé sur la table dans le buffet.

3 J'ai perdu ma montre. Je l'ai laissée dans l'autobus ce matin.

4 Quelqu'un a volé ma montre Seiko. Elle était sur la petite table dans ma chambre d'hôtel.

5 Mon ami a perdu son blouson. Il l'a laissé dans le train de Paris vers deux heures moins le quart.

6 Nous avons perdu notre valise. Nous l'avons laissée dans la salle d'attente juste après dix heures.

7 Ma mère est furieuse. On a volé son sac à main.

8 J'ai perdu ma veste. Je crois que je l'ai laissé sur un banc dans le parc.

9 J'ai perdu un sac en plastique. Je pense que je l'ai laissé dans la boutique hors taxe il y a quelques minutes.

a Elle est ronde avec un bracelet en plastique vert. Elle est suisse.

b Il est assez petit, en cuir noir. Il y a un billet de chemin de fer aller-retour et un billet de cinquante francs dedans.

c Il est bleu avec des manches rouges. Il y avait un carnet de chèques dans la poche.

d Il est carré. Il est rose. Il y a un porte-monnaie avec dix livres sterling et des clés dedans.

e Elle est marron et très grande. Elle a une étiquette avec nos nom et adresse. Il y a beaucoup de choses dedans: un transistor, un réveil, une caméra, une paire de pantoufles violettes, nos passeports et des vêtements.

f Il est rouge avec flash électronique.

g Elle est verte, avec une ceinture.

h Elle est dorée et rectangulaire.

Mais attendez! Il n'y a pas de description pour le numéro neuf. Vous devez en faire une vous-même en utilisant les autres descriptions pour vous aider.

🔲 Au bureau des objets trouvés

All these people are reporting a loss or a theft. Make eight columns, as shown in the example below. See how much information you can note down in English about each item. Not all the columns will be used in every case.

Exemple:

Object	*1 handbag*
Size	*quite small*
Shape	
Made of?	*leather*
Colour	*green*
Contents	
Where lost/stolen?	*buffet*
When?	*that morning*

Et maintenant c'est à vous!

Répondez aux questions de l'employé(e) sur les objets de la page 124.

1 Où est-ce que vous avez perdu votre appareil?

2 Qu'est-ce qu'il y avait dans le portefeuille?

3 Elle est de quelle forme votre montre?

4 Où avez-vous laissé votre montre?

5 Quand a-t-il perdu son blouson?

6 Comment est-elle votre valise?

7 Le sac à main de votre mère? Qu'est-ce qu'il y avait dedans?

8 Qu'est-ce qu'il y avait dans les poches?

9 Comment avez-vous perdu votre sac en plastique?

Ça ne marche plus!

Vous êtes en France. Quelque chose tombe en panne. Savez-vous comment le faire réparer? Voici quelques expressions utiles à employer dans ce cas. Vous les comprenez?

Ce que dit la cliente (le client):

Mon appareil photo ne marche plus.
Où est-ce que je peux le (la, les) faire réparer?
Est-ce qu'il y a une cordonnerie (*cobbler's*) près d'ici, s'il vous plaît?
J'ai acheté une montre ici l'autre jour et ce matin elle s'est arrêtée.
Je voudrais l'échanger.
Voulez-vous me rembourser (*pay back, refund*)?
Il y a un trou dans mon pull. Pouvez-vous le raccommoder (*darn*)?
Mon magnétophone à cassettes est tombé en panne.
Pouvez-vous le réparer?

Je viens de casser mes lunettes de soleil.
Ma veste est prête (*ready*)?
Mon transistor est prêt?
Je peux avoir un reçu (*receipt*)?

Ce que dit le vendeur (la vendeuse):

Vous avez votre reçu?
Vous avez vérifié les piles (*batteries*)?
Vous l'(les) avez laissé(e)(s) tomber?
Je vais vous échanger cela.
Il n'y a rien à faire.
Je ne peux pas le (la, les) réparer.
Ce sera prêt dans un quart d'heure.
Non, elle n'est pas encore prête.

▣ Réparations

Ecoutez ces gens qui ont des choses à faire réparer.

1 **a** What does the young man want repaired?
   b How much will it cost?
   c When will they be ready?
2 **a** What is wrong with the trousers?
   b What advice does the shopkeeper give the customer?
3 **a** How long will the shopkeeper have to keep the camera for?
   b About how much will the repair cost?

4 **a** What has the young man come to collect?
   b How much does the repair cost?
   c What does the customer ask for?
5 **a** What does the man want to return?
   b What is wrong with it?
   c What does the man want done about it?
   d What does he agree to eventually?

◢ A vous la parole!

Que diriez-vous pour faire réparer ces objets? Travaillez avec un partenaire.

Exemple:

— Qu'est-ce qu'il y a?
— Ma calculatrice ne marche plus. Pouvez-vous la réparer?
— Oui, bien sûr. Ce sera prêt dans deux jours.

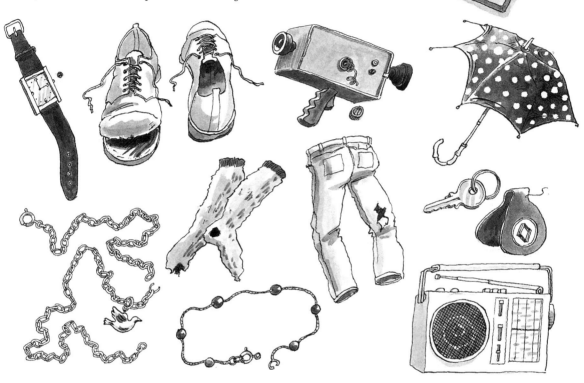

◢ C'est sale!

Vous pouvez laver la plupart de vos vêtements à la laverie automatique mais il y a certaines choses qu'il faut nettoyer à sec (*dry clean*).

Vous dites:

Je peux faire nettoyer | ce pantalon | à sec?
| cette robe |
| ces gants |

La (le) propriétaire de la laverie dit:
Bien sûr. Il (elle) sera prêt(e) dans 24 heures.
[Ils (elles) seront prêt(e)s ...]

Travaillez avec un(e) partenaire pour inventer des dialogues.

32 L'argent ne fait pas tout 1

Bugs Bunny

BUGS BUNNY   Ralph **HEIMDAHL**   *CAUSE TOUJOURS*

1 What does Bugs Bunny foresee for his customer? (*two things*)
2 Why is his customer so angry in the last picture?

Bonne chance!

Beaucoup de gens ne sont pas contents de leur vie. Ils aimeraient gagner beaucoup d'argent. En France on peut jouer au **Loto**. On achète une carte dans un bureau de tabac. On choisit six numéros sur une grille de 49 numéros. Sur chaque carte il y a huit grilles; on peut donc avoir jusqu'à huit chances de gagner, selon le montant qu'on veut payer. Si quelqu'un choisit les six numéros qui sortent au tirage il gagne **le gros lot**. Il devient alors *très* riche!

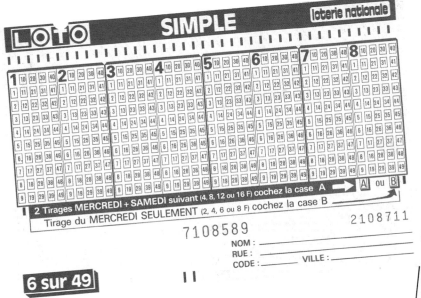

11

◢ Et si vous gagniez au loto?

une télévision   3055F

une moto   10450F

une voiture   72250F

un vélo   1350F

un magnétoscope   5995F

un appareil photo   1670F

une mobylette   6495F

un tourne-disque

une maison   990F   888000F

un ordinateur   2250F

Travaillez avec un(e) partenaire. A votre tour indiquez un objet et dites, par exemple:

Si je gagnais au loto, j'achèterais ce vélo qui coûte mille trois cent cinquante francs.

A nous la société

La Société Générale est une banque française. Regardez cette publicité et répondez aux questions.

KIT 15/17 ANS
A NOUS LA SOCIÉTÉ

Dès 15 ans, devenez client de la Société Générale.
Pour vous faire profiter facilement et pleinement de l'ensemble des possibilités que nous vous offrons dès vos 15 ans, nous avons choisi une formule pratique : le KIT.
Le jour même de vos 15 ans, vous pouvez avoir un compte de dépôts, un compte d'épargne et aussi une CARTE KIT à votre nom.

Du rêve à la réalité
Rêver, c'est bon. Pouvoir réaliser son rêve... c'est encore meilleur! Le compte d'épargne sert à construire un projet. C'est un compte sur lequel vous versez les sommes dont vous n'avez pas un besoin immédiat. Vous mettez de côté ce que vous voulez, quand vous voulez, et vous constituez ainsi une réserve.

Un exemple :
Fou de musique, Benoit 15 ans 1/2 souhaite réaliser son rêve : s'acheter une guitare. Grâce à de petits travaux, il peut mettre de côté 150 à 200 F par mois sur son compte d'épargne. Au bout d'un an, il a réussi à économiser 2 000 F, tout en continuant à s'acheter des disques de temps en temps. Cet argent lui a même rapporté des intérêts, et aujourd'hui son rêve est pratiquement à portée de main.

1 How old do you have to be to benefit from this offer?

2 Which three things can you apply for as soon as you reach this age?

1 Why does the bank suggest you should open a savings account.

2 How old is Benoit?

3 What does he want to do?

4 How much does he save per month?

5 How does he get his money?

6 What does he buy from time to time?

TOUT SUR L'ARGENT DE POCHE
(D'APRES OK!)

Il vous faut de l'argent. Bien évidemment, vos parents peuvent assumer certaines de vos dépenses comme le montant de la cantine, de vos transports... Mais restent toujours certaines choses que vous devez payer vous-même. Point par point nous allons voir ensemble comment obtenir de l'argent de poche; comment le dépenser et quelle attitude adopter quand vous sortez avec votre flirt.

Le premier problème...

Comment obtenir de l'argent de poche? Si l'argent 'vous brûle les doigts' et si vous éprouvez un plaisir extrême à le jeter par les fenêtres, il vaut mieux opter pour une somme par semaine. Par contre, si vous êtes plus économe, si vous aimez faire des économies pour vous offrir un vêtement, un album ou une cassette, une sortie un peu plus chère que d'habitude, vous feriez mieux de recevoir une somme par mois.

Il y a manière et manière de demander de l'argent à vos parents. N'exigez jamais, c'est très mauvais! Essayez plutôt de justifier votre demande du genre: «J'ai vu un livre très intéressant sur les timbres et comme justement je les collectionne, ce serait super si je pouvais l'acheter...» Ou bien: «Après les cours on prend tous un coca ensemble, on parle des devoirs à faire, chacun aide l'autre, mais il faut tout de même que je puisse payer ma consommation.»

Si vous n'avez vraiment pas assez d'argent, le meilleur moyen c'est d'en gagner vous-même. C'est vrai que si vous n'avez pas 16 ans, tout travail légal vous est interdit. Mais rien ne vous empêche de faire les courses de tel ou tel voisin un peu âgé et fatigué ou de faire du baby-sitting.

L'argent et votre flirt

Comme le dit Nathalie, 15 ans: «Moi, dès que je suis amoureuse d'un garçon, c'est là que mes exigences au niveau de l'argent de poche augmentent considérablement. J'achète des vêtements, sans parler de produits de maquillage...»

Un autre problème se pose, c'est qui de vous ou de votre flirt doit payer quand vous sortez ensemble. Le fin mot du problème de l'argent de poche avec votre flirt est au fond assez simple: peu importe qui paie, si ce n'est pas toujours le ou la même!

Des mots pour vous aider

dépenser to spend
vous brûle les doigts burns your fingers
Il vaut mieux ... It is better to ...
faire des économies to save
une sortie an outing
Vous feriez mieux de ... You would do better to ...

N'exigez jamais Never demand
payer sa consommation to pay for one's drinks
gagner to earn
Rien ne vous empêche de ... Nothing stops you ...
le maquillage make-up
Peu importe It matters little

Répondez en anglais

According to the article ...
1 What sorts of things might parents be expected to pay for?
2 What is the best way to receive your pocket money if you are not very good at looking after money?
3 What is the best way to go about asking your parents for pocket money?
4 What could you do if your pocket money doesn't stretch far enough?
5 Why does Nathalie's spending go up when she falls in love?
6 What is the rule to remember about who should pay when you go out with someone?

▣ Ecoutez bien

1 a How much pocket money does the girl receive per week?
  b What do her parents buy for her in addition?
  c How does she earn a bit extra?
2 a Does the boy receive any pocket money from his parents?
  b Where does he work?
  c How much does he earn on a Saturday?
  d How does he spend his money?
3 a How much does the boy get per month?
  b What does he spend his money on?
4 a How much pocket money does the girl get per month?
  b How much per hour does she get for working in the supermarket?
  c What does she spend her money on?
  d How much does she save per month?
5 a What does the girl do to earn money?
  b How much does she get?
  c What does she spend it on?

des habits clothes
du maquillage make-up

131

33 L'argent ne fait pas tout 2

Que faites-vous de votre argent de poche?

Combien d'argent de poche recevez-vous?

Je reçois  par

Ma mère me donne par

Ça dépend de mes **18/20** à l'école!

Est-ce que vous avez un job?

Oui, je livre des

Je travaille au  le samedi.

Je travaille dans une

Je lave des

Je fais du

Non, mais j'aide mes parents à la maison. Je

fais la  ou je nettoie

ma

Comment dépensez-vous votre argent de poche?

J'achète des

Je vais aux matchs de

Je vais en

Je vais au

J'achète des pour ma famille.

Est-ce que vous économisez?

Oui, je mets  par semaine sur
mon compte bancaire.

Oui, je fais des économies pour acheter
mes

Non, je dépense tout!

Vous avez trouvé les mots qui manquent? Les voici en vrac!

basket	mois	baby-sitting	soixante-dix francs	
chambre	vêtements	journaux	cinéma	boulangerie	cadeaux
semaine	vaisselle	deux livres	notes	voitures
douze	voitures	douze livres	boîte	marché	cassettes

Maintenant travaillez avec un(e) partenaire. Posez-lui des
questions sur l'argent de poche.

Dépenser moins – leurs astuces

Voici les idées de deux vedettes pour faire des économies. Lisez chaque morceau, puis répondez aux questions en anglais.

NICOLETTA: «J'AI REORGANISE MA VIE» Supprimer tous les intermédiaires

«J'ai horreur de gaspiller l'argent. Je l'ai fait un peu au début de ma carrière mais je l'ai vite regretté. «J'ai maintenant un style de vie qui n'incite pas à la dépense. Je n'ai pas de voiture, je ne cours pas les clubs, je vis dans trois paires de pantalons, toujours les mêmes. L'été, je vais à Thonon, en Haute-Savoie, dans la maison de famille. Pendant trois mois, je dépense un peu pour la nourriture, c'est tout.

«En fait, je sais me «serrer» surtout car j'ai été éduquée ainsi. Ma grand-mère qui m'a élevée ne nous donnait, à ma sœur et à moi, que le strict nécessaire.»

Des mots pour vous aider:

une astuce a hint
gaspiller to waste
la nourriture food
se serrer to 'tighten one's belt'
les nouilles (f) noodles
primordial most important

1 When did Nicoletta waste money?
2 Give four ways that Nicoletta saves money in her private life.
3 Who was responsible for Nicoletta's careful attitude towards money?

MARIE LAFORET: «JEANS ET NOUILLES»

«Des jeans et des nouilles, voilà mon meilleur truc pour faire des économies.

«A part cela, je conseillerais de marcher beaucoup. C'est bon pour la santé, on ne dépense pas d'essence et surtout, c'est la meilleure façon de connaître sa ville. En arpentant les petites rues de Genève où j'habite, j'ai découvert des boutiques et des endroits que je ne soupçonnais pas. Maintenant, je sais où aller pour acheter telle ou telle chose. Posséder un bon carnet d'adresses, c'est primordial.

1 How does Marie save petrol?
2 In which other ways does this help her?

▣ L'argent, c'est important?

Ecoutez ces jeunes personnes. Répondez aux questions en anglais.

1 What would Corinne buy for herself if she won a large sum of money?
2 What would Sévrine do?
3 To which charity would Corinne give some money?
4 According to Sévrine, what does this charity do?
5 Which does Véronique think is more important: the job itself or earning money?

6 Where does Véronique's money come from while she is a student?
7 According to Katia, how much does it cost to go to the cinema?
8 Why can she always afford to go to the cinema?
9 How much pocket money does she receive?
10 What does the amount depend on?

Daniel Balavoine et Action Ecole

Les artistes du monde entier ont prouvé ces derniers temps qu'ils ne vivent pas tous dans une bulle de champagne. Bien au contraire, à différentes reprises, ils n'ont pas hésité à s'engager personnellement pour défendre des causes qu'ils jugeaient charitables. A la tête de ce grand mouvement de solidarité un homme : Bob Geldof et une envie : lutter contre la faim dans le monde. Bientôt une grande opération va être lancée en France dans ce but et Daniel Balavoine, très impliqué, comme vous allez le voir, vous explique de quoi il s'agit. Lisez attentivement cela vous concerne directement.

GIRLS : Des détails sur cette opération « Action Ecole » ?
DANIEL BALAVOINE : Elle va débuter le 3 janvier dans toutes les écoles françaises, après avoir eu lieu en Angleterre et dans beaucoup d'autres pays du monde. Il s'agit de demander aux enfants, aux adolescents, aux étudiants de s'organiser entre eux pour lutter contre la faim dans le monde. Cela ne se fera pas sous forme de quêtes mais sous forme d'actions très précises.
GIRLS : Peux-tu nous donner un exemple concret ?
D. B. : Les enfants de CM 2 jusqu'en première devront se réunir en comités d'action. Un comité comprenant 25 personnes minimum. Pour faire partie de ces comités il faudra envoyer une cotisation de 50 francs, en échange de quoi Action Ecole enverra 6 sacs que les enfants devront remplir avec des produits de première nécessité. Ces sacs seront ensuite envoyés ver la fin du mois de février dans les pays sous-développés.
GIRLS : Que devront donc contenir ces sacs ?
D. B. : Du sucre, de la farine, et des lentilles ou des pois cassés. Pourquoi ? Parce que mélangés à de l'huile végétale, ils constituent un élément hyper protéiné. Les jeunes n'auront aucun mal, à se procurer ces denrées dont on se sert chez nous quotidiennement. Ce qu'il faut savoir c'est que ces aliments seront distribués à chaque famille. Les gens conserveront ainsi leur dignité : ils n'auront plus à faire la queue pour manger.

Il faut ajouter, malheureusement, que, peu de temps après cette interview, Daniel Balavoine a été tué dans un accident d'hélicoptère.

1 According to the article what is Bob Geldof's wish?
2 Describe in English what *Action Ecole* will be.
3 What will all this mean for the people who receive help, according to Daniel?

Vous aidez les autres?

Beaucoup de gens dans ce monde sont très riches mais il y en a beaucoup, beaucoup plus qui meurent de faim chaque jour. Est-ce que vous donnez une partie de votre argent de poche à ceux qui n'ont rien? **L'UNICEF** est une organisation des Nations Unies qui existe pour aider les enfants qui souffrent dans le monde. Ces deux morceaux de publicité ont paru dans **Télépoche**. Lisez-les très attentivement.

Donnez à l'UNICEF

aveugle blind
suffire to suffice, to be enough
un versement a payment
une entreprise a firm, business

1 What happens to 300 000 children every year?
2 What could UNICEF do if you sent 50 francs?
3 Two way of paying are suggested: what are they?

Petit papier de Noël

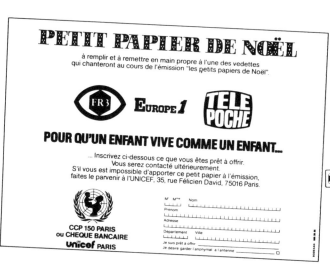

1 At what time of the year did this appear?
2 What should you do with the form once it has been filled in?
3 If you are not able to do that, what should you do?
4 What is the purpose of the little box under the space for the address?

à remettre en main propre à to be put into the hand of
inscrivez ci-dessous write below
prêt ready
ultérieurement later on
faites-le parvenir à end it to ...

▌ L'argent ne m'intéresse pas ...

un(e) assistant(e) social(e) a social worker

1 Is the social worker satisfied with what she earns?
2 Which is more important to her: money or work?
3 Does she think it is important to give money to charity?
4 Does she save any money?
5 What would she do if she had a million francs?

34 L'éducation 1

Deux écoliers passent devant un panneau: 'Ralentir: École'. «Tu te rends compte,» dit l'un, «ils ne croient même pas qu'on y va en courant!»

L'instituteur demande à Jacques: «Peux-tu me citer six animaux sauvages d'Afrique?» Jacques n'hésite pas: «Un lion, deux éléphants et trois girafes.»

L'école, qu'en pensez-vous?

On passe une partie considérable de sa vie à l'école, mais est-ce que cela sert vraiment à quelque chose? Si l'on n'aime pas l'école ou si l'on s'y ennuie, on risque de perdre son temps. Lisez maintenant ces quelques mots à propos de plusieurs vedettes et de leur expérience scolaire.

Jeanne Mas

doué gifted, talented
bâcler to do hurriedly
entrer à la fac to go to university
(**la faculté**)
l'angoisse (f) anguish, distress
la contrainte constraint,
compulsion
sécher les cours to truant
supporter to bear, endure
captivant captivating
rébarbatif grim, forbidding

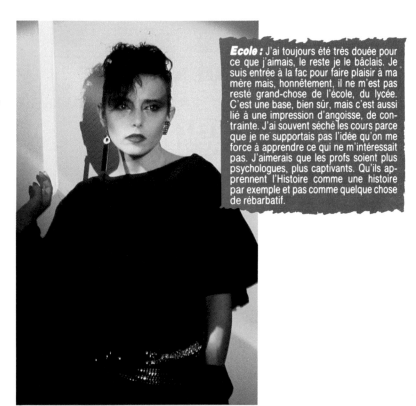

Ecole : J'ai toujours été très douée pour ce que j'aimais, le reste je le bâclais. Je suis entrée à la fac pour faire plaisir à ma mère mais, honnêtement, il ne m'est pas resté grand-chose de l'école, du lycée. C'est une base, bien sûr, mais c'est aussi lié à une impression d'angoisse, de contrainte. J'ai souvent séché les cours parce que je ne supportais pas l'idée qu'on me force à apprendre ce qui ne m'intéressait pas. J'aimerais que les profs soient plus psychologues, plus captivants. Qu'ils apprennent l'Histoire comme une histoire par exemple et pas comme quelque chose de rébarbatif.

Jeanne Mas a dit qu'elle a séché quelques cours qui ne lui plaisaient pas. A-t-elle eu tort ou raison? Expliquez votre réponse en quelques lignes:

Moi, je pense qu'elle a eu raison (tort) parce que...

DOUCHKA

Dans l'ensemble j'ai été une bonne élève mais dès que je devais passer une épreuve de maths, je paniquais. Je ne te dis pas quelle était mon angoisse ! C'était le cauchemar ! Je me demandais toujours si je n'allais pas craquer.

dans l'ensemble on the whole
dès que je devais... as soon as I had to...
un cauchemar a nightmare
se demander to wonder
le lycée school for pupils over 15 years of age
la bête noire a pet hate
un serrurier a locksmith

Paul Young :
Nul en maths
Au lycée, les mathématiques étaient la bête noire de Paul et l'ont obligé, à 16 ans, à arrêter ses études pour apprendre le métier de serrurier, dans l'usine de son père.

Une bête noire

Et vous, vous avez une bête noire à l'école? Laquelle des expressions suivantes vous décrit le mieux lors d'une épreuve de maths?

Je suis plein(e) de confiance car je suis très fort(e) en maths.

Je m'en fiche puisque les maths c'est une matière peu utile pour ma carrière.

Je fais de mon mieux mais j'ai une si mauvaise mémoire.

Je suis assez faible en maths mais je veux absolument réussir.

Je suis assez fort(e) en maths mais chaque fois qu'il y a une épreuve, soit orale soit écrite, j'ai le trac et je panique.

Je suis moyenne (moyen) en maths. Je reçois toujours des notes moyennes.

Je suis nul (nulle) en maths donc ce n'est pas la peine d'essayer.

Et les autres matières? Que diriez-vous à ce sujet?

Exemples:
Je suis moyen (moyenne) en travaux manuels.
Je suis nulle (nul) en anglais. Je reçois toujours de mauvaises notes.

L'école et vous

Parlez-moi un peu de votre collège.

Que pourriez-vous dire à ce sujet?
Complétez les phrases suivantes.

Mon collège s'appelle . . .

Il y a . . . élèves dans mon école.

Il y a . . . élèves dans ma classe.

J'étudie . . . matières. C'est à dire: . . .

Mes matières préférées sont . . .

Je n'aime pas tellement . . .

Je vais passer des examens en . . .

Il y a . . . cours par jour.

Les cours commencent à . . . dans mon collège.

Les cours finissent à . . .

Les cours durent . . .

Il y a une récré à . . . et à . . .

Le déjeuner commence à . . .

Le déjeuner dure . . .

Je reçois . . . heures de devoirs, chaque soir.

Nous avons visité . . . avec le collège.

Je fais beaucoup de sport à l'école. Par
exemple: . . .

Je fais partie d'un club de . . .

Chez nous l'année scolaire commence en . . . et
finit en . . .

Inventez des questions.

Par exemple:

Comment s'appelle ton collège? Quelles
matières est-ce que tu étudies? Quelle est ta
matière préférée? Tu fais partie d'un club?

Travaillez avec un(e) partenaire. Posez-lui des
questions sur sa vie scolaire.

Ecrivez un paragraphe sur votre vie scolaire à
un(e) correspondant(e). N'oubliez pas de lui
poser des questions aussi.

Parlez-moi de votre éducation

Ecoutez ces jeunes qui parlent de leur vie à
l'école.

A un atout asset
le baccalauréat an exam taken at 18

1 What does the boy like and not like at school?
2 Which subjects does he say he is good at?
3 When are his exams?
4 What do he and his friends do straight after
   school?
5 Is he interested in sport?
6 What time do his lessons start and finish?
7 How many lessons does he have per day?
8 How many are there in his class?

B 1 What does the girl say she likes at school?
2 Which subject is she a little weak in?
3 What does she do after lessons?
4 Has she been abroad with the school?
5 What time does school start and finish for
   her?
6 How many lessons does she have per day?
7 How many pupils are there in her class?

C le brevet des collèges an exam taken at 15

1 Which subject doesn't the boy like at school?
2 What does he like?
3 What is his **bête noire** (pet hate)?
4 What is his average score in art?
5 Which sporting activities does he do at
   school?
6 How many lessons does he have per day?
7 How many pupils are there in his class?
8 What time does his school day start and
   finish?

Par quel bout faut-il prendre son prof?

Etes-vous au courant? Ces quelques détails pourraient vous
aider à mener une vie assez tranquille au collège. Savez-vous
vraiment ce qu'aiment et ce que détestent vos profs? Lisez
l'article suivant:

par quel bout prendre... how to approach
angoissant distressing
semer la terreur to cause terror
claquer dans tes doigts to click your fingers
sain healthy
propre clean
bien coiffé well groomed
l'exactitude (f) punctuality

bavarder to gossip, chatter
vexant annoying
plier ses affaires to put your/one's things away
ricaner to sneer
vérifier to check
faire la pluie et le beau temps to rule the roost
un fayot a swot
un mouchard a sneak

Lisez encore une fois «**Par quel bout faut-il prendre son
prof?**» Faites la description de l'élève idéal (selon les profs).
Commencez par... Selon les profs, l'élève idéal est toujours poli.
Il ne plie pas ses affaires 10 minutes avant la fin du cours, etc.

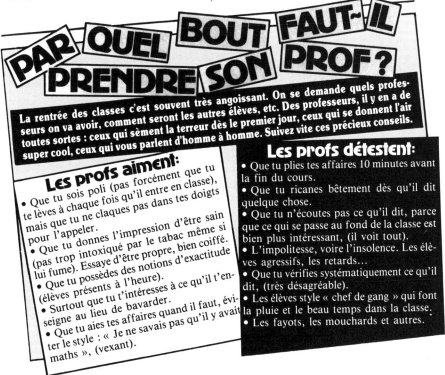

La vie scolaire

Ecoutez cette femme française qui parle de sa vie à l'école.

1 How old was she when she first went to
  nursery school?
2 What had she done a lot of at secondary
  school?

3 After leaving school how long did she study
  the same subject?
4 What did she study to be afterwards?
5 Where does she work now?

35 L'éducation 2

Mais si vous arrivez en retard...?

Ce n'est jamais une bonne idée de mentir!
Mais regardez ces conseils sur «les excuses»
qu'on peut faire pour un retard en cours.
Répondez aux questions en anglais.

According to the article:

1 What is the first rule that you should bear
  in mind?
2 Which sort of excuse is too far-fetched and
  in bad taste?
3 Make a list of the excuses that you could
  use.
4 What is the best way to avoid telling lies
  and getting into trouble?

COMMENT SE FAIRE PARDONNER UN RETARD EN COURS

• Premièrement **n'inventez** jamais rien qui soit invraisemblable.

• N'essayez jamais de faire croire que votre grand mère est morte, c'est trop énorme ! Ce genre de mensonge se répète vite. C'est sordide et toujours très mal vu. Rien de tel pour être prise pour une menteuse légendaire, et ce définitivement.

• Faites vous passer plutôt pour malade. Dites que vous avez eu mal au cœur toute la nuit ou au ventre, ça on ne peut jamais savoir si c'est vrai ou pas.

• Dites qu'il y avait un suicidé sur votre ligne de métro, ça marche toujours.

• Que votre petit frère ou petite sœur a la rougeole et que vous l'avez gardé le temps que votre mère revienne. On admirera votre grand cœur.

• Dites que vos parents vous ont demandé d'attendre que l'employé du gaz passe avant de partir en cours. N'en abusez pas car votre professeur pourrait bien un jour appeler vos parents pour les insulter.

Un conseil tout de même évitez d'avoir recours à toutes ces petites excuses. Il vaut mieux arriver à l'heure cela vous évitera bien des complications. Et puis, ne croyez pas que les profs sont dupes, tous ces petits mensonges ne marchent qu'un temps...

invraisemblable unlikely
un genre a type, kind
un mensonge a lie
la rougeole measles
avoir recours à to resort to
il vaut mieux it is better to
une dupe a sucker
ne marchent qu'un temps only work for a while

◢ Faites vos excuses!

Travaillez avec un(e) partenaire. Voici un exemple:

A: Il est déjà 8h27. Pourquoi es-tu en retard?
B: Excusez-moi (Je m'excuse … Je suis désolé(e) … Je
  regrette … Pardon …), mais mon réveil ne fonctionne pas.

1 `08·14`   J'ai perdu …

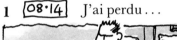

2 `08·31`   Je suis allé(e) voir …

3 `08·46`   Ma sœur est … Elle souffre de …

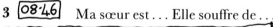

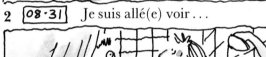

4 `08·55`   Je me suis réveillé(e) à …

5 `09·02`   Le bus est tombé en …

6 `09·12`   Je me suis foulé …

7 `09·17`   Mon vélomoteur a eu …

8 `09·38`   Je me suis coupé le …

9 `09·50`   Je suis tombé(e) dans …

10 `11·59`   J'ai gagné …

141

Un conseil de classe

Trois fois par an, en France, il y a ce qu'on appelle «*un conseil de classe*» pour chaque classe. Lors d'un «*conseil*» des professeurs rencontrent des délégués de parents et d'élèves pour discuter du travail de chaque élève. C'est le conseil de classe qui décide par exemple si un élève doit redoubler. Naturellement, la plupart des élèves ont peur des conseils de classe ... ou plutôt ils les détestent. Chine semble partager leur avis. Lisez son article:

«UN CONSEIL DE CLASSE»

Le petit billet de Chine

Trois fois par an, c'est la saison des angoisses et des battements de cœur. Le conseil de classe anime toutes les discussions. Il est brandi comme une menace par les profs : « Je ne sais pas si, avec une note comme ça, je pourrais vous défendre devant le... » ou « J'espère qu'en maths, ça va, parce qu'en français c'est pas brillant et ça ne suffira pas pour le ... » et encore « Vous avez intérêt à mieux surveiller votre conduite en cours pour le... » Bref, les profs ne se gênent pas pour nous faire flipper avec. Normal. Vous n'avez peut-être jamais assisté à un conseil de classe, et même si vous êtes de ceux qui attendent impatiemment les délégués à la sortie, en demandant « Comment ça s'est passé ? Comment c'était ? » vous ne pouvez pas savoir comment ça s'est passé, parce que les délégués ne vous disent pas la

animer to animate
brandir to brandish (weapon)
une menace a threat
la conduite conduct
les profs ne se gênent pas ... the teachers don't hesitate
flipper jump
un délégué a delegate, representative

Imaginez que vous êtes délégué(e) à un conseil de classe. Préparez un petit exposé sur ce que vous aimez et ce que vous n'aimez pas à votre école. Soyez poli(e)! Tâchez de faire des suggestions pratiques pour l'année prochaine. Voici quelques idées:

Que pensez-vous
  de votre emploi du temps?
  de votre salle?
  des devoirs?
  des repas?
  de la durée des cours?

du matériel scolaire? (nombre de micro-ordinateurs, etc.)
des congés?
des examens?
des bulletins scolaires?
de la discipline?
etc.

Super bébé

Il paraît que l'éducation commence très tôt chez quelques enfants aux Etats-Unis! Lisez cet article...

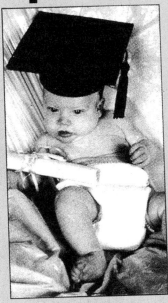

super bébé

De nombreuses femmes enceintes viennent suivre des cours à l'université prénatale de Hayward en Californie. Pas pour suivre des cours d'accouchement sans douleur – mais pour donner des leçons au bébé ! On croit rêver mais c'est vrai. A partir du cinquième mois, le docteur Van de Carr et son équipe apprennent au fœtus à réagir au son, au toucher, à la lumière ainsi qu'à certaines vibrations. Les parents poursuivant ces techniques jusqu'à ce que leur enfant ait deux ans, sont paraît-il, assurés d'avoir un rejeton nettement plus éveillé que *la moyenne. En quelque sorte des surdoués en série fabriqués à la chaîne !* ●

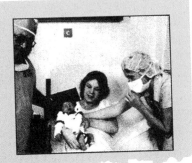

1 In which part of the USA does this take place?
2 When do the doctors begin their 'lessons'?
3 What do they teach the unborn babies to react to?
4 How is this said to help the children in their early years?

Leurs ambitions

Ces jeunes parlent de leur ambition...

1 a Why does the boy want to work for Outils-Wolf?
  b How long has his father worked there?
2 a What does the girl want to become?
  b How long will it take her?
3 What does the girl want to become?
4 a What does the boy want to become?
  b What will he have to do first?
5 a What does the boy really want to be?
  b Why will he do almost any job?

6 a What is the girl going to continue to study?
  b Where does she want to work eventually?
7 a Where does the boy want to work?
  b What does he think will help him to find a job?
8 a At about what age does the girl plan to get married?
  b What exactly does she want to do first?
9 What does the boy want to become?
10 a What was the girl like at school?
  b Which job does she want to do?

36 L'éducation...et ensuite?

Un bilan scolaire très positif

un bilan a balance sheet
l'issue (f) end, outcome
tenir à to be keen on

Andy a dit qu'il est resté à l'école pour éviter le besoin d'aller travailler tout de suite. Suggérez quelques meilleures raisons pour rester à l'école. Andy préférait les maths, la physique et la biologie: quelles sont vos matières préférées?

Et ensuite?

Allez-vous passer des examens? Lesquels?

Exemple:

Je vais passer des examens en . . .

Bientôt après les examens ce sera les vacances! Qu'est-ce que vous avez l'intention de faire alors?

Lisez d'abord ce que quelques élèves français ont écrit au sujet des vacances:

Andy Ridgeley :
(Wham) :
Un bilan scolaire très positif

« L'école était pour moi l'unique issue pour ne pas aller travailler tout de suite » explique Andy. Ses parents qui tenaient absolument à ce qu'il aille à l'université, l'ont donc envoyé dans une école où l'on enseignait les sciences naturelles et physiques. Les matières préférées de Andy étant, en effet, les mathématiques, la physique et la biologie.

> L'année prochaine je vais peut-être aller en vacances dans un hôtel à Hautrey-les-Gray avec mes parents.

> Ah, oui c'est bientôt les vacances du 31 juin au 7 septembre. Tant mieux!

> Le 30 juin, c'est les grandes vacances et jusqu'au 6 septembre je vais m'ennuyer! Un jour regardant la télé, un jour allant voir ma copine.

> Nous allons avoir les grandes vacances, à la fin de juin, si j'ai de la chance je pourrai faire du cheval. J'aime bien y monter. S'il fait beau, je me promènerai vers les Vosges.

> À la fin de juin nous allons avoir les grandes vacances. Elles durent 2 mois et demi. J'irai peut-être en vacances chez mon oncle à Saint Sauveur qui se situe près de Luxeuil. Pendant les grandes vacances s'il fait beau j'irai me baigner dans mon étang et j'irai à la pêche. Nous irons faire des promenades avec mes parents.

Trouvez ça en français!
I will go on holiday perhaps.
It is the holidays soon.
So much the better.
I will go bathing.

I will go fishing.
We will go for trips.
I am going to be bored.
If I am lucky.
I'll be able to go horse-riding.

Et vous? Qu'est-ce que vous allez faire pendant les grandes vacances? Parlez-en à un(e) ami(e), puis écrivez un paragraphe à ce sujet à un(e) correspondant(e).

Les vacances, ça passe vite!

Les vacances ne durent pas si longtemps que ça. Ce sera bientôt le moment où vous recevrez vos résultats d'examen!

le bac (baccalauréat) exam taken at the end of secondary schooling
rater to fail, miss
un tas a pile
une nana a 'girl'
un mec a 'boy', guy
rageant maddening

Vos examens, vous sont-ils très importants? Pourquoi (pas)? Quel est votre plus mauvais souvenir de l'école?

Mon plus mauvais souvenir ça a été lorsque ...

Et votre meilleur souvenir, qu'est-ce que c'est?

Mon meilleur souvenir ...

PATRICK BRUEL

Mon plus mauvais souvenir ça a été lorsque j'ai raté mon bac. Tu me diras qu'il y a des tas de nanas et de mecs très bien à qui ça arrive et qu'il n'y a pas de quoi en faire une maladie. Mais c'était rageant car je l'ai raté à cause d'un malheureux point !

Leur éducation, leurs projets d'avenir

Ecoutez ces jeunes gens. Répondez aux questions en anglais.

1 What is Corinne's favourite subject at school?
2 Sévrine says that her favourite is 'l'EMT' – 'l'Education Manuelle et Technique'. What sorts of things does she do in this lesson?
3 What does Sévrine *not* want to do for a living?
4 What are Corinne's plans for the future?
5 What gave her the idea for this job?

6 Remember Marie-Laure is a champion horse-rider. What problem does that cause for her at school?
7 What are her favourite subjects at school?

8 What does Olivier want to do immediately?
9 What does he say is the most important subject for him?
10 Both Olivier and his sister Cécile want to follow the same sort of career. What is it?
11 What do their parents do?

12 What career does Géraldine *not* want to take up?
13 What does she like best about school?

◢ Pourquoi?

Vous avez peut-être choisi un métier mais avez-vous considéré pourquoi? Regardez ces dessins, puis essayez d'expliquer votre choix de métier.

Je veux être vétérinaire parce que j'aime bien les animaux.

J'espère devenir hôtesse de l'air car je suis très forte en langues étrangères.

Je vais être fermier parce que je préfère travailler en plein air.

◧ Une vendeuse de cadeaux-parfums

Ecoutez cette vendeuse et répondez aux questions en anglais.

1 What is the first question that she is asked?
2 How long has she been working for Brittany Ferries?
3 What does her job consists of?
4 What qualities does she need to do her job?
5 How many hours does she work at a time?
6 What does she think about the customers?
7 What makes the job so tiring?
8 When does she think she will give up the job?

◧ Un sapeur-pompier

Ecoutez ce sapeur-pompier et répondez en anglais:

1 Make a summary in English about 'fire cadets' in France: how long they have existed; age when they join; when they train; why they can't use certain hoses (**les lances**); age when they leave.
2 What is the main problem that affects the family life of a French fireman?
3 What does the fireman think about his pay?

Juste après notre interview il y a eu un appel et le sapeur-pompier est parti à toutes jambes!

Comment devenir animateur radio

Marc Scalia est DJ à NRJ, une radio française très appréciée par les jeunes.

COMMENT DEVENIR ANIMATEUR RADIO: MARC SCALIA RACONTE

— Marc, tu occupes une place importante sur la «plus belle des radios», NRJ, puisque tu assures la tranche Teenagers de 17 h à 21h. Pourrais-tu nous expliquer comment tu as fait pour en arriver là, et quels conseils pourrais-tu donner à ceux de nos lecteurs que le démon des ondes viendrait à tenter.

— La chose la plus importante pour un DJ, c'est le contact avec l'auditeur. Un gars qui arrive devant le micro et qui est intimidé par lui, c'est un métier, il faut apprendre vite et pas cher, c'est de se faire DJ c'est le meilleur moyen d'apprendre vite et pas cher, c'est de se faire engager dans un club de vacances genre Club Méditerranée.

— Mais des DJ il n'y en a qu'un par club ?

— Non, tu n'entres pas comme DJ, les G.O. (gentils organisateurs) sont polyvalents, un jour aux planches à voile, un autre DJ, etc. C'est le meilleur moyen pour prendre une certaine assurance vis-à-vis du public d'autant plus que c'est facile, les gens qui viennent au Club sont cools, ils cherchent à oublier leurs soucis, et nous GO, on est là pour leur vendre du rêve.

— Combien de temps faut-il rester au Club ?

— Deux à trois saisons. Après, il faut essayer une petite radio privée.

— Pourquoi petite ?

— Il vaut mieux faire ses premières armes dans une petite radio, se planter c'est dur, mais se planter sur une radio à grande écoute, t'as du mal à t'en relever.

— Et maintenant, pourrais-tu nous dire quel chemin tu as suivi pour arriver à NRJ ?

— Exactement celui que je viens de te décrire. Je me suis fait engager au Club Méditerranée, où j'ai fait quatre saisons : les Bahamas, la Côte d'Ivoire, le Sénégal et la Grèce. Rien que ça ! Donne-moi l'adresse, je cours m'inscrire ...

— Mais ne crois pas que j'ai passé mon temps à me faire bronzer. Quand les autres étaient à la plage, moi je restais dans la discothèque, je répétais les émissions que j'inventais. Je me revois avec mon crayon dans la bouche répétant des jours entiers pour améliorer ma diction. Ensuite j'ai travaillé sur une petite radio privée pendant quelques temps jusqu'au jour où Max, l'administrateur d'NRJ, a entendu ma voix et m'a demandé de faire un essai d'un mois. Ce fut un mois d'enfer, tu imagines, passer d'une radio à quelques milliers d'auditeurs à NRJ et son million et demi de fans ... J'étais à la fois super heureux et super angoissé, car je ne savais pas si j'allais être gardé après l'essai. Finalement j'ai été engagé, et aujourd'hui je suis un homme H.E.U.R.E.U.X.

Interview réalisée par
Didier Reboul-Scotty

---

1 According to Marc, what is the best way to learn the job of the DJ?
2 Name another activity that anyone who follows his advice might have to do.
3 After two or three seasons what should you try to do?
4 How many seasons had Marc done with the *Club Méditerranée* and where?
5 What were the others doing while Marc was practising in the disco?
6 What did the boss at NRJ ask Marc to do?
7 How many listeners does NRJ have?
8 Having been successful, how does Marc feel now?

◢ Et vous?

Maintenant c'est à vous. Dites à un(e) ami(e) ce que vous désirez faire dans la vie. Ensuite écrivez un paragraphe sur le même thème à un(e) correspondant(e).

Pour en savoir plus!

Make it easier for yourself

There are many ways in which you can help yourself to produce good French or understand French words that you don't think you have met before. This section will give you some useful tips. For example did you know that you can recognize the meanings of some French words much more easily if you are aware of some *beginnings*?

Beginnings

1 **re-** added to some verbs expresses the idea of *again*. You probably know that **commencer** means *to begin*, **recommencer** means *to begin again* or *to re-start*. What do you think these verbs mean? rechanger redevenir refaire revoir

2 **pré-** is sometimes found at the beginning of words, e.g.: **prévoir** means *to foresee* and **prévision** means *forecast* or *estimate*.

3 **sou-** or **sous-**: **rire** = to laugh, **sourire** = to smile; **titre** = title, **sous-titre** = sub-title; **sol** = ground, **sous-sol** = basement

4 **in-** can make some adjectives into their opposites. **connu** = known, **inconnu** = unknown.
What do these mean? inoubliable inactif inévitable

Endings

Some French words have endings which will help you decide what they mean.

Examples:

1 **maison** = house; with **-ette** added = **maisonnette** = small house
tarte = **tartelette** = small tart, tartlet.
What do these mean? fillette camionnette

2 When **-er** and **-ère** are at the end of some nouns they refer to people: **boucherie** = *butcher's shop* gives us the words: **boucher** (masculine), **bouchère** (feminine) = butcher.
What do these mean? boulanger, boulangère épicier, épicière fermier, fermière.

3 **une douzaine** = a dozen or about 12. You can add **-aine** to some other numbers, *eg:* **une vingtaine de cahiers** = about 20 exercise books.

What do these mean? une trentaine une quarantaine une cinquantaine une centaine une dizaine

4 **-té** is seen at the end of some nouns. They are made up of certain adjectives with **-té** added: **bon** = good, **bonté** = goodness.
What do these mean? beauté visibilité variété

5 In a similar way, if you know the word **jouer** = *to play* you should be able to work out that **joueur** means *player*. Other words have **-eur** at the end and some feminine forms have **-euse** or even **-ice**.
What do these mean? chanteur, chanteuse blancheur employeur acteur, actrice danseur, danseuse

6 **-ion** and **-ation** appear at the end of a lot of French nouns. You should be able to work out their meanings through a knowledge of the verbs they come from. **Invention** comes from the verb **inventer** = *to invent*.
What do these mean? chanteur/chanteuse blancheur employeur acteur/actrice danseur/danseuse

7 **-able** is found in adjectives like **lavable** = *washable* from the verb **laver** = *to wash*.
What do these means and which verbs do they come from? cassable mangeable faisable aimable

Similarities

You will have noticed already, when you are reading French, that there are some words which look as if they ought to mean the same thing in English . . . and then they don't! For example, what do these *really* mean? des chips un car une journée un professeur large

However, you mustn't allow these exceptions to stop you from using your knowledge of English or *other languages* in order to understand a piece of written French. There are *many* words which are written the same way and have the same meaning as English words, even if they are *pronounced* differently. Examples: ambulance avenue innocent ferry ticket

Many French words have just a slight difference from the same word in English. You shouldn't have too much difficulty deciding what these examples mean: âge téléphone déodorant hôtel littérature

You can work out the meaning of many more French words if you are aware of the patterns shown below:

1 **y** in English often becomes **é ée e** in French. What do these mean? qualité quantité entrée société publicité mystère

2 Sometimes **y** becomes **i ie**: parti économie comédie

3 Some English words have an **s** replaced by a circumflex accent ˆ; hôpital forêt intérêt hôtesse

4 Sometimes **dis** is replaced by **dé**: décourager dégoûtant

5 You can find out the meanings of some French words which begin with **é es** because they often replace **s** in English. What do these mean? étrange étudiant espace étude (*see* **1** *above!*) estomac

6 Some English words lose a **d** in French: juge aventure avancer

7 Some English words simply add an **e** in French: humide moderne branche liquide

8 English words ending in **-ar -ary** may change to **-aire**: documentaire contraire anniversaire populaire

9 **o u** in English are often replaced by **ou** in French: soudain souffrir mouvement gouvernement

10 English adverbs ending in **-ly** have **-ment** in French: gravement extrêmement complètement

11 Some words ending **-al** in English, end **-el** in French: habituel professionnel individuel

12 Some words which end in **-er** in English, end in **-e -re** in French: monstre membre interprète ordre chambre

13 Some English verbs add **-r -er** to form the French infinitive: camper changer déclarer. Others, while not following this rule completely, can be guessed at fairly easily: danser douter

14 Some verbs which end in **-ate** in English, end in **-er** in French: cultiver décorer hésiter

15 Present participles which end in **-ing** in English, end in **-ant** in French: rentrant aidant finissant regardant

16 Some words which end **-ous** in English, end **-e -eux** (**-euse**) in French: dangereux énorme sérieux

17 Many words which end **-c -ck -ch -k -cal** in English, end **-que** in French: économique automatique clinique classique époque attaque risque

18 Some words whose English ending is **-ve** have **-f** in French: actif informatif

19 Some English words which end in **-our**, **-or** or **-er**, end **-eur** in French: footballeur acteur radiateur rigueur

20 Some words which end in **-a** in English, end **-e** in French: drame antenne orchestre

21 In some French words **u** is replaced by **o**: fonction

22 Similarly some words which contain **oun** in English have **on** in French: annoncer prononcer dénoncer

Don't forget it's useless to be aware of these rules if you *don't* use them to help you understand French!

Listening to French

By making some positive moves you can greatly improve your ability to understand spoken French. When you are reading a piece of French, you can look at it as many times as you wish, and as we have already seen quite a few words look similar to English ones. When you are listening to a person speaking French you can get them to repeat what they have said but when you are listening to the radio or watching a film or television or *in an exam* that is not possible! If you take notice of these tips you may be able to improve greatly your listening technique.

Many French words *look like* their English equivalents when you see them written down but when they are said they sound completely different. e.g. Can you say this word in both English and French? **ambulance**. You can see that it is very important to know which combinations of letters make which sounds in French. Ask your teacher to help you with any of the following sounds that you are not sure of:

1 The last letter of many French words is not sounded: nuit placard part sport. This includes the plural **s** e.g. les oignons des bananes

2 Letter **h** is always silent: hôtel hôpital heureux

3 **ch** has a much softer sound that in English, more like **sh**. How would you say these? château Chantal chercher chauffage

4 **g** of course, as in **chauffage**, is also much softer than in English. Practise saying these: généralement horloge enregistrer garage

5 **th** is said almost as if the **h** were not there: thé théâtre

6 Most of the time the combination **qu** is pronounced like **k**: pique-nique liquide quelquefois quai question

7 The **r** sound in French is almost as if you were clearing your throat! Practise saying the French letter **r** in the following: reconnaître réception réparation radio

8 The following combinations of letters have a different sound from the English equivalents. They 'hiss' much more! **-tiel -ciel -tial -tion**: préparation partiel officiel spécialité

9 The letter **s** between two vowels sounds like **z**: désirer chemise voisin visibilité

10 It is essential to know how the letter **i** is pronounced in French. It is near to the English **ee** sound. Practise with these examples: actif aspirine tourisme bibliothèque difficile

11 Finally, you must have a thorough knowledge of the **nasal sounds** of French. These are made when a vowel **a e i o u** comes together with the letters **m** or **n**. If you learn how to say these words properly, they will help you to remember how to pronounce them whenever they appear: ambulance emporter aucun intelligent ambition.

The rules listed above have been a little simplified and as you well know languages love to have exceptions to their own rules but they will certainly act as very useful guidelines to help you understand spoken French as well as pronounce it properly yourself.

Unit 1

Word bank

c'est-à-dire that's to say
une faute mistake
une langue language, tongue
une phrase sentence
absolument absolutely
bravo well done
conseiller to advise
couramment fluently
(se) critiquer to criticize (oneself)
(se) prononcer to pronounce (to be pronounced)
traduire to translate
la voix the voice
le contraire the opposite
en général generally
lentement slowly
vrai true
autrement dit in other words
(se) corriger to correct (oneself)
expliquer to explain
le progrès progress
se tromper to make a mistake

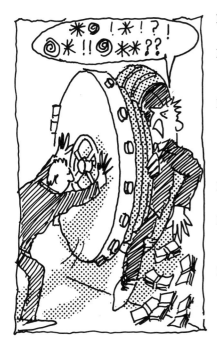

Can you . . . ?

1 *Say whether you understand or not*:
Je comprends. Je ne comprends pas.

2 *Ask someone to repeat what they have said*:
Voulez-vous (veux-tu) répéter?

3 *Ask someone to spell a name or a place name*:
Court, | ça s'écrit comment?
| pouvez-vous épeler ça?

4 *Spell out a name*:
C-O-U-R-T

5 *Ask if someone speaks English (French)*:
Parlez-vous anglais (français)?

6 *Say what your French is like*:
Je parle très bien français.
Je ne parle pas très bien.
Je comprends très bien.
Je ne comprends pas très bien.

7 *Ask what things are called*:
Comment dire ça en français (anglais)?
Ça se dit comment en anglais (français)?
Qu'est-ce que c'est en français (anglais)?

8 *Ask what words or phrases mean*:
«. . . . . . », qu'est-ce que ça veut dire?

9 *Say you know or don't know*:
Je sais. Je ne sais pas.

10 *Say you have forgotten*:
J'ai oublié.

11 *Say you are sorry*:
Je m'excuse. Excusez-moi. Pardon. Je suis désolé(e).

12 *Ask if something is correct or say that it is*:
C'est correct? Oui, c'est correct.
C'est exact? Oui, c'est exact.

13 *Say how long you have been learning languages and ask how long others have been learning them*:
J'apprends le français depuis quatre ans.
Depuis quand (combien de temps) est-ce que tu apprends l'espagnol?

14 *Ask someone to explain or to correct mistakes*:
Pourriez-vous m'expliquer? Pourriez-vous corriger mes fautes?

15 *Ask how something is pronounced*:
Ça se prononce comment?
Comment est-ce qu'on dit cela?

16 *Use* **tu** *and* **vous** *correctly*:
Remember: Use **tu** to close friends and relations.
Use **vous** to *one* person that you don't know well or to more than one person.

Units 2–3

Word bank

un prénom first name
un lieu place
naître to be born
les Etats-Unis USA
une pièce d'identité some
  identification
un pompier fireman
la vie life
divorcé(e) divorced
fiancé(e) engaged
séparé(e) separated
à mon avis in my opinion
bête stupid
charmant charming
gentil (-ille) kind
plutôt rather
sérieux (-euse) serious
sympa(thique) nice
triste sad
un département a region of
  France (like a county)
né(e) le . . . à . . . born . . . (date)
  at . . .
un(e) étranger(-ère) foreigner
espérer to hope
un patron boss
le salaire wages
les gens people
félicitations congratulations
marié(e) married
affreux horrible
agréable nice
célèbre famous
drôle funny
heureux (-euse) happy
poli(e) polite
sûr, sûre sure, certain
timide shy
vraiment really
un(e) concierge caretaker
un domicile home, residence
en haut upstairs
les adolescents teenagers
un siècle century
un(e) commerçant(e)
  shopkeeper
le commerce trade
oser to dare
permanent permanent

Can you . . .?

1 *Ask someone's name, tell them yours and spell it:*
   Comment vous appelez-vous? (t'appelles-tu?)
   Quel est votre (ton) nom?
   Mon nom c'est (Je m'appelle) Andy Pearson. P-E-A-R-S-O-N.

2 *Ask where someone lives and tell them where you live:*
   Où est-ce que tu habites (vous habitez)?
   J'habite (à) . . .

3 *Spell the name of your town:*
   R-I-C-H-M-O-N-D.

4 *Give your telephone number and ask for someone else's:*
   Mon numéro de téléphone c'est le . . .
   Quel est ton (votre) numéro de téléphone?

5 *Ask someone's age and birthday and tell them yours.*
   Tu as (vous avez) quel âge?
   Quelle est la date de ton anniversaire?
   J'ai seize ans.
   Mon anniversaire c'est le . . .

6 *Say what nationality you are and ask someone else what nationality they are:*
   Je suis gallois(e)/irlandais(e)/écossais(e)/anglaise(e)/
   britannique.
   Vous êtes (tu es) de quelle nationalité?

7 *Tell someone what you do and ask what their job is:*
   Je suis étudiant(e).
   Quel est ton (votre) métier?
   Que faites-vous (fais-tu) dans la vie?

8 *Say what you like and don't like and ask someone else about their likes and dislikes:*
   J'aime . . .   J'adore . . .   Je n'aime pas . . .   Je déteste . . .
   Est-ce que tu aimes (vous aimez) . . .?

9 *Describe yourself and others:*

J'ai	les cheveux	roux.
Il a		noirs.
Elle a		bruns.
		blonds.
		châtains.

	assez	longs.
	très	courts.
		frisés.
		bouclés.

	les yeux	noirs.
		verts.
		gris.
		bruns.
		bleus.

avoir envie to want
célibataire single
épouser to marry
les fiançailles engagement
un veuf widower
bizarre strange
désagréable unpleasant
fier (-ère) proud
franchement frankly
inquiet (-ète) anxious
se mettre en colère to get angry
un sourire smile
demeurer to live
en bas downstairs
vivre to live
lieu de naissance birth place
un agriculteur farmer
un coiffeur/une
  coiffeuse hairdresser
l'industrie industry
un(e) salarié(e) wage earner
temporaire temporary
avoir honte to be ashamed
une épouse wife
féliciter to congratulate
se marier avec to marry
une veuve widow
dégoûtant(e) disgusting
étranger strange
fou, folle mad
honnête honest
malheureux (-euse) unhappy
paraître to appear
paresseux (-euse) lazy
surprenant(e) surprising

Je	porte	souvent	des lunettes.
Il		rarement	un jean.
Elle		généralement	un tee-shirt.

Je suis	très	grand(e).
Il est	assez	petit(e).
Elle est		gros(se).
		mince.

Je	mesure	1m 56.
Il		1m 72.
Elle		

Je suis	une fille.
Il est	un garçon.
Elle est	un homme.
	une femme.

Je suis	marié(e).
Il est	célibataire.
Elle est	séparé(e).
	divorcé(e).

Il est veuf. Elle est veuve.

Je suis	actif (active).
Il est	aimable.
Elle est	calme.
	drôle.
	heureux (heureuse).
	honnête.
	optimiste.
	paresseux (paresseuse).
	pessimiste.
	poli(e).
	sérieux (sérieuse).
	timide.

Units 4–5

Word bank

un bébé baby
un lapin rabbit
aîné(e) older
un beau-père father-in-law,
  stepfather
cadet younger
un neveu nephew
un petit-fils grandson
les petits-enfants grandchildren
les gens people
une perruche budgie
une allocation familiale family
  allowance
une belle-mère mother-in-law,
  stepmother
une épouse wife
une nièce niece
une petite-fille granddaughter

Can you . . .?

1 *Talk about the members of your family and ask about someone else's family:*

Il y a combien de personnes dans ta (votre) famille?
Il y en a quatre, etc.

Tu as | des frères ou des sœurs?
Vous avez |

J'ai | deux frères.
Il a | une sœur.
Elle a | un frère et trois sœurs.

Que fait | ton (votre) père?
         | ta (votre) mère?
         | ta (votre) sœur?
         | ton (votre) frère?

Mon père | est | agent de police.
Mon frère aîné | | pompier.
Mon frère cadet| | pâtissier.
               | | pompiste.
               | | marchand de légumes.
               | | commerçant.
               | | étudiant.

Ma mère | est | directrice d'un CES.
Ma sœur cadette| | coiffeuse.
Ma sœur aînée | | étudiante.
               | | dentiste.
               | | concierge.

Mon oncle | est | en chômage.
Ma tante | |

Mon grand-père | est | mort(e)
Ma grand-mère | | retraité(e).
               | | à la retraite.

Mon père | a | deux ans.
Ma mère | est âgé(e) de | quatre-vingt-deux ans.
Mon frère | | dix-huit ans.
Ma sœur | | soixante-et-un ans.
Mon grand-père | | quarante-trois ans.
Ma grand-mère | | trente-cinq ans.
Mon oncle | | vingt-huit ans.
Ma tante | | seize ans.
Mon cousin | | vingt-neuf ans, etc.
Ma cousine | |
Mon neveu | |
Ma nièce | |

QU'EST-CE QUE TU AS ATTRAPÉ CETTE FOIS?

2 *Talk about pets:*

Tu as (vous avez) des animaux?
Je n'ai pas d'animal.

J'ai
- un chien.
- un chat.
- un cobaye.
- un lapin.
- une souris.
- une perruche.
- un hamster.
- un serpent.
- des poissons (rouges).
- un poney.

Comment est-il ton (votre)
- chat?
- lapin?
- hamster?

Il est (assez) (très)
- grand.
- petit.
- beau.
- noir.
- blanc.
- brun.
- gris, etc.

Comment est-elle ta (votre)
- souris?
- perruche?

Elle est
- grande.
- petite.
- belle.
- noire.
- blanche.
- brune.
- grise, etc.

Vous aimez (tu aimes) les animaux?

Oui,
- je les trouve super!
- je les aime beaucoup.
- je les adore.
- je me passionne pour les animaux.

Non,
- je ne les aime pas.
- je les déteste.

Ils sont trop
- bruyants.
- sales.

Unit 6

Word bank

ancien, ancienne old
l'extérieur outside, exterior
un immeuble block of flats
laid ugly
propre clean
utile useful
allumer to light, switch on lights
un mur wall
le sous-sol basement
une couverture blanket, cover
inutile useless
un meuble piece of furniture
une poubelle dustbin
un robinet tap
un transistor radio
le bois wood
un HLM flat with low rent,
  sponsored by the government
l'intérieur inside, interior
plutôt rather
sale dirty
une vue view
appuyer to press
une lumière light
une pièce room
une chaîne-stéréo hi-fi
un drap sheet
un lavabo wash basin
un oreiller pillow
un rideau curtain
une serviette towel
bienvenue welcome
l'hospitalité hospitality
avoir besoin de to need
le ménage housework
au-dessous below, underneath
critiquer to criticize
en bon (mauvais) état in good
  (bad) condition
étonnant astonishing
la location letting, rental
aménagé equipped
l'entretien upkeep, maintenance
l'ameublement furnishing
un gant de toilette face flannel
dors/dormez bien sleep well
de rien don't mention it
balayer to sweep
déranger to disturb

Can you . . .?

1 *Talk about your home and ask other people about theirs:*

Où habites-tu? (habitez-vous?)
Vous habitez (tu habites) une maison ou un appartement?

J'habite | un | grand(e) | appartement.
         | une | petit(e) | maison.

Où se trouve | votre (ta) maison?
             | votre (ton) appartement?

Notre maison | se trouve | en centre-ville.
Ma maison | | en banlieue.
Notre appartement | | à la campagne.
Mon appartement | | au bord de la mer.
| | près de Birmingham.

Comment est-il (elle) | ton (votre) appartement?
Peux-tu (pouvez-vous) me décrire | ta (votre) maison?

J'ai | douze pièces.
Nous avons | deux chambres.
| un garage.
| un (grand/petit) jardin.

As-tu (avez-vous) une chambre pour toi (vous) tout(e) seul(e)?
Oui, je suis enfant unique.
Non, je partage une chambre avec | mon frère cadet (aîné).
| ma sœur aînée (cadette).

Comment est-elle ta (votre) chambre?
Ma (notre) chambre est | (assez) | grande.
| (très) | petite.
| | jolie.
| | laide.

Dans ma (notre) chambre il y a . . . | un lit.
| une armoire.

2 *Ask about various things in someone else's home and offer the same to a French person in your home:*

Je peux | regarder la télévision?
Veux-tu (voulez-vous) | écouter la radio?
| utiliser le tourne-disque?
| téléphoner à mes (tes/vos) parents?

Que fais-tu (faites-vous) pour aider tes (vos) parents à la maison?
Je | fais | la vaisselle.
| | la cuisine.
| | la lessive.
| | le ménage.
| lave la voiture.
| nettoie ma chambre.

essuyer to wipe
à court d'argent short of money
un séjour stay
débarrasser to clear (of table)
ranger to put away
au-dessus above
déménager to move house
louer to let, hire
le loyer rent
l'aménagement fittings
une prise de courant electric socket
une baignoire bath
une poêle frying pan
vous permettez? may I?
passer l'aspirateur to use the vacuum cleaner
un coup de main a 'hand'
se déshabiller to get undressed
prêter to lend
emprunter to borrow

Je peux vous (t') aider à
Voulez-vous (veux-tu) m'aider à

faire	la cuisine?
	la vaisselle?
	les lits?
mettre le couvert?
débarrasser la table?

Où est la salle de bains?
Où sont les toilettes?

Je peux emprunter
Pouvez-vous (peux-tu) me prêter

un stylo?
du savon?
une serviette?
du dentifrice?

J'ai besoin de (d')
As-tu (avez-vous) besoin de (d') ...?

savon
draps
une autre couverture
dentifrice
une serviette

3 *Invite someone in:*

Entrez! Entre!
Passez (passe) dans la salle de séjour.
Asseyez-vous là je vous en prie.
Assieds-toi là je t'en prie.

MINOU, MINOU!

4 *Talk about your life at home:*

Tu te lèves (vous vous levez) à quelle heure?
Je me lève à | huit heures.
six heures et quart.
sept heures et demie.

Tu te couches (vous vous couchez) à quelle heure?
Je me couche à | dix heures et demie.
onze heures.
minuit.

Tu manges (vous mangez) à quelle heure?

Je prends	le petit déjeuner	à	huit heures.
	le déjeuner		midi.
	le repas du soir		six heures et demie.
	le dîner		

Que fais-tu (faites-vous) | le soir?
le week-end?

Je fais | mes devoirs.
du sport.
des promenades en vélo.

Je vais | en boîte.
chez mon ami(e)/mon copain/ma copine.
en ville.

5 *Talk and ask about spare-time jobs and pocket money:*

As-tu (avez-vous) un job?
Non, je n'en ai pas.

Oui,	je travaille	dans un supermarché	le samedi.
		dans un magasin	tous les soirs.
		dans un garage	le week-end.
	je livre des journaux chaque matin.		

Tu fais (vous faites) combien d'heures par semaine?

| Je fais | généralement | huit heures par semaine. |
| | d'habitude | trois heures le samedi après-midi. |

Tu gagnes (vous gagnez) combien d'argent?

| Je gagne | trois livres | par jour. |
| | cent francs | par semaine. |

Tu reçois (vous recevez) de l'argent de poche?
Non, je n'en reçois pas.

Oui,	de temps en temps . . .		
	mes parents me donnent	cinq livres	par semaine.
	mon père me donne	120F	par mois.
	je reçois	45F	tous les quinze jours.

Qu'est-ce que tu fais (vous faites) de ton (votre) agent de poche?

J'achète	des vêtements.
	du maquillage.
	des bonbons.
	des disques.

Units 7–8

Word bank A

agréable nice
l'hiver winter
lourd heavy
pleuvoir to rain
la saison the season
une averse shower (of rain)
cependant nevertheless
dehors outside
une éclaircie clear period
humide wet
un passage period, spell
la prévision the forecast
une tempête storm
la visibilité visibility
un degré degree
léger, -ère light
normalement normally
le printemps spring
la brume mist
un changement change
doux, douce mild
frais, fraîche cool
malgré in spite of
la précipitation rain etc.
sec, sèche dry
tout à l'heure just now, in a few
  minutes

Can you...?

Talk and ask about the weather:

Quel temps fait-il en France (Angleterre, Irlande, etc.)
en ce moment?

Il fait (très, assez, extrêmement) | beau.
| mauvais.
| chaud.
| froid.
| frais.

Il fait | du vent.
| du brouillard.
| du soleil.
| de l'orage.

Il | pleut.
| neige.
| gèle.

Quels temps a-t-il fait | pendant tes (vos) vacances?
| la semaine dernière?
| hier matin?
| vendredi soir?
| mercredi après-midi?

Il a fait | beau.
| mauvais, etc.

Il a | plu.
| neigé.
| gelé.

C'est comment, le climat | en France?
| en Ecosse?
| au Pays de Galles?

Généralement | le climat est | doux | au printemps.
En général | | dur | en été.
Normalement | | chaud | en automne.
| | froid | en hiver.
| | ensoleillé

Word bank B

la banlieue suburbs
un habitant inhabitant
le monde the world
proche near
une rivière river
se trouver to be (situated)
un bruit noise
un cheval horse
l'été summer

Can you...?

Talk about your home town or village and ask about someone else's:

Où est-ce que tu habites (vous habitez)?
J'habite (à) Cardiff.
C'est où exactement?
Cardiff est dans le sud du Pays de Galles.
Cardiff est à deux cent soixante-dix kilomètres à l'ouest de Londres.
Parle-moi (parlez-moi) un peu de | ta (votre) | région.
| ville.
| ton (votre) village.

l'herbe grass
quand-même nevertheless
un bâtiment building
un pont bridge
autour de around
en haut above
haut high
un endroit place
une île island
un lieu place
au milieu de in the middle of
à peine hardly
le sommet the summit
agricole agricultural
un cochon pig
grâce à thanks to
pittoresque quaint, nice to look
  at
en plein air outdoors
la campagne country
la mer sea
une montagne mountain
un quartier district
situé situated
un arbre tree
un champ field
une fleur flower
une poule hen
une vache cow
ennuyeux boring
un stade stadium
en bas below
bas, basse low
la côte the coast
un fleuve river (which flows into
  the sea)
un lac lake
le long de along
le paysage the countryside
profond deep
une vallée a valley
autrefois in the past
entièrement entirely
paisible peaceful
tranquille calm
une truite trout
une distraction amusement
une randonnée outing
une amélioration improvement
après-demain the day after
  tomorrow

C'est | une région | (assez, très) | industriel(le).
      | une ville | | touristique.
      | un village | | laid(e).
                                     historique.
                                     agricole.
                                     paisible.
                                     pittoresque.
                                     agréable.

C'est | une (assez, très) belle ville/région.
      | un (assez, très) beau village.

Il y a dix mille habitants.

Qu'est-ce qu'il y a à voir?

Dans les environs de (Cardiff) il y a | un château.
                                        | un musée, etc.

Qu'est-ce qu'il y a comme distractions?

Il y a | des cinémas.
       | un théâtre.
       | des boîtes (de nuit).
       | une bibliothèque.
       | une piscine.
       | un stade.
       | un complexe sportif.

Qu'est-ce que | tu penses | de | ta (votre) | région?
              | vous pensez | | | ville?
                                 | ton (votre) village?

A mon avis, | elle | est | chouette.
            | il | | super.
                          | moche.
                          | intéressant(e).
                          | ennuyeux (-euse).

Units 9-10

Word bank

une baguette French loaf
les crudités raw vegetables
un jus de fruit fruit juice
un parfum flavour
le potage soup
une tranche slice
la viande veal
avoir faim to be hungry
bien cuit well done (cooked)
la carte the menu
en sus extra
un hors d'œuvre 'starter'
le patron the 'boss', owner
à point medium (*of steak*)
à votre (ta) santé cheers
un plateau tray
appétissant appetising
le lapin rabbit
la moutarde mustard
piquant sharp (of taste)
sucré sweetened
apprécier to appreciate
commander to order
désapprouver to disapprove
inadmissible unacceptable
se plaindre to complain
la pression draught (*as in beer*)
satisfait satisfied
varié varied
à la vôtre (tienne) reply to the
  toast 'santé!'
une crêpe pancake
les fruits de mer sea food
un morceau piece
un pique-nique picnic
rôti roasted
le veau veal
avoir soif to be thirsty
bon appétit! enjoy your meal!
un demi glass of beer
une entrée dish served after the
  soup course
une odeur smell
le plat du jour today's special
recommander to recommend
une cafetière coffee pot
le goût taste
une moitié half
Orangina fizzy orange drink

Can you . . .?

1 *Talk about food likes and dislikes:*

| Qu'est-ce que tu aimes (vous aimez) | manger? |
| | boire? |

J'aime	les frites.
Je n'aime pas	les carottes.
Je déteste	le poulet.
Je préfère	l'orangina.
	la glace.
	le café.
	le pain.

Est-ce que tu aimes (vous aimez) le lait? etc.

2 *Talk about meals:*

A quelle heure est-ce que tu prends (vous prenez)	le petit déjeuner?
	le déjeuner?
	le repas du soir?
	le dîner?

Je prends le petit déjeuner à sept heures et demie, etc.

Qu'est-ce que tu prends (vous prenez) d'habitude	au petit déjeuner?
	au déjeuner?
	au repas du soir?
	au dîner?

D'habitude je mange des toasts avec de la confiture et des céréales,
  et je prends du café au lait, etc.

3 *Get by in a restaurant:*

Monsieur!   Madame!   Mademoiselle!   Garçon!
Nous sommes quatre. On est quatre.
C'est pour quatre personnes.
Vous avez une table pour quatre personnes, s'il vous plaît?

Qu'est-ce que vous désirez?

Je voudrais	le menu à 85F 00	s'il vous plaît(?)
J'aimerais	les crudités	
Donnez-moi	le porc	
Je peux avoir	l'agneau	
Je prends	le gâteau	
	le fromage	
	une bouteille de vin (rouge, rosé, blanc)	

| Vous avez | du coca? |
| | des fruits? |

salé salted
une carafe jug, decanter
le couvert place setting
devoir to owe
se mettre en colère to get angry
un pourboire tip
saignant rare (*of steak*)
la spécialité speciality
bravo well done
une théière teapot

C'est combien le champagne?

Qu'est-ce c'est que la *bouillabaisse*?

C'est une sorte de soupe au poisson. On en mange beaucoup en Provence. A part le poisson, il y a du vin blanc, de l'ail, du safran, des tomates et de l'huile d'olive dedans.

Je l'aime beaucoup. C'est délicieux.

Je ne l'aime pas du tout, c'est trop | salé.
| sucré.

Un peu plus?
Non, merci. Ça suffit.

L'addition, s'il vous plaît.
Le service est compris?

Vous avez | le téléphone?
Je peux utiliser |

Où sont les toilettes, s'il vous plaît?

Vous avez des pièces d'un franc, pour le juke-box, s'il vous plaît?

4 *Eat in a French home:*

J'ai (très) | faim.
| soif.

On mange à quelle heure?

Voulez-vous (veux-tu) me passer | le sel | s'il vous (te) plaît?
| le poivre |
| la moutarde |
| le vinaigre |
| le pain |
| le sucre |
| le lait |

Vous prenez (tu prends) | de la purée?
| du chou? etc.

Oui, s'il vous (te) plaît . . . | un peu.
| beaucoup.

Non, merci. | Je suis désolé(e), mais je ne l'aime pas.
| Ça suffit.

Je peux avoir | encore du café?
| un peu plus de gâteau?

C'est délicieux. Félicitations!

Units 11–13

Word bank

l'alimentation food
avec ça? with that?
la caisse cash desk
une crémerie dairy
plats cuisinés ready-cooked meals
le rez-de-chaussée ground floor
le sous-sol the basement
gratuit free
un manteau top coat
un mouchoir handkerchief
un parapluie umbrella
un commerçant shopkeeper
échanger to exchange
les jouets toys
libre service self service
le marchand de légumes greengrocer
une parfumerie perfume shop
une réclamation complaint
la vitrine the shop window
aimer mieux to prefer
un escalier roulant escalator
clair light (*of colours*)
une allumette match
bon marché cheap
un centre commercial shopping centre
un peu moins a bit less
un peu plus a bit more
solde sale, bargain
une erreur mistake
un imperméable raincoat
la mode fashion
neuf, neuve brand new
un slip underpants
un déodorant deodorant
essayer to try
lequel? laquelle? which one?
le maquillage make-up
le papier à lettres writing paper
une pellicule film
rembourser to pay back
déchiré torn
foncé dark (*of colours*)
remplacer to replace

Can you . . .?

1 *Find out about shops:*

Pour aller au centre commercial, s'il vous plaît?

Est-ce qu'il y a | une crémerie | près d'ici, s'il vous plaît?
| une boulangerie, etc. |

Vous fermez à quelle heure, s'il vous plaît?
Vous ouvrez à quelle heure?

Où est le rayon | de parfumerie | s'il vous plaît?
| des vêtements |
| des disques |

Où sont | les vêtements pour hommes | s'il vous plaît?
| les enveloppes |
| les jouets |

2 *Do some shopping:*

Je cherche | un cadeau pour ma mère, etc.
Je voudrais | un imperméable.
| une pellicule 135.
| une chemise bleue.
| une robe, taille 38.
| une paire de chaussures, pointure 42.

C'est trop | long.
| grand.
| petit.
| cher.
| étroit.

Je peux avoir | 100 grammes de pâté | s'il vous plaît?
| 250 grammes de fromage |
| un kilo de farine |
| une livre de tomates |
| une bouteille de lait |
| une boîte de haricots verts |
| un pot de yaourt |
| une tablette de chocolat |
| un tube de dentifrice |
| un paquet de chips |
| une baguette |

C'est tout.

C'est combien?
Ça fait combien?
Je vous dois combien?
Vous me faites de la monnaie de cent francs, s'il vous plaît?
Voilà. Merci. Au revoir.

3 *Return unsatisfactory goods:*

Pardon, | ce pullover | est | déchiré(e).
        | cette robe | | sale.
        | ce transistor | ne marche pas.
        | cette cassette |

Pouvez-vous | me l'(les)échanger?
             | me le (la)(les) remplacer?
             | me rembourser?

Voilà mon reçu!

4 *Discuss shopping:*

Vous aimez (tu aimes) faire les courses?
Oui, ça me plaît beaucoup.
Non, je trouve ça très ennuyeux. Je ne l'aime pas du tout.

Vous préférez (tu préfères) quelle sorte de magasin?
Je préfère | les magasins | de disques.
            | | de vêtements.
            | les pâtisseries.
            | les confiseries.
            | les librairies.

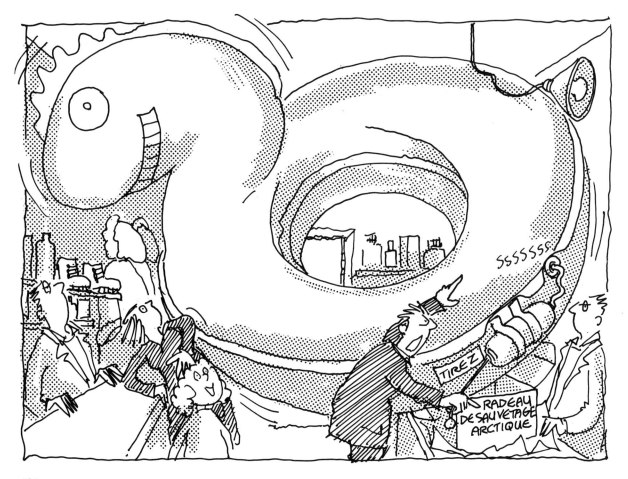

Units 14–16

Word bank A

rentrer to go back, return
une autoroute motorway
au bout de at the end of
le commissariat police station
un feu rouge traffic light
là-bas over there
à pied on foot
toutes directions all traffic
un aller-retour return ticket
assis seated, sitting
un avion jet
composter to punch a ticket
correspondance connection
la douane customs
(non-)fumeur (no) smoking
  (compartment)
manquer to miss
occupé engaged
une carte routière road map
déviation diversion
le gas-oil diesel fuel
obligatoire compulsory
péage motorway toll
priorité à droite give way to the
  right
travaux road works
vérifier to check
tôt soon
avant before
le coin the corner
ensuite afterwards
entre between
jusqu'à as far as
loin far
puis then
traverser to cross
un aller simple a single ticket
attendre to wait (for)
les bagages luggage
la consigne left luggage office
debout standing
durer to last
l'horaire timetable
lent slow
libre vacant
en provenance de arriving from
conduire to drive
les freins the brakes
un mécanicien mechanic

Can you ...?

1 *Talk about journeys, including how you get to school:*

Comment vas-tu (allez-vous) à l'école?

J'y vais (Je vais à l'école) | en | bus.
| | car.
| | train.
| | voiture.
| | vélo.
| à | pied.
| | bicyclette.

Tu quittes (vous quittez) la maison à quelle heure pour aller à l'école?

Je quitte la maison vers ... heures.

Ça prend | combien de temps pour arriver à l'école?
Il te (vous) faut |

Ça prend | cinq | minutes.
Il me faut | trente |

J'habite à (seulement) | deux minutes | de l'école.
| deux kilomètres |
| 300 mètres |

Tu arrives (vous arrivez) à l'école à quelle heure?
D'habitude, j'arrive à l'école à ... heures ...

Tu quittes (vous quittez) l'école à quelle heure?
En général, je quitte l'école à ... heures ...

Tu arrives (vous arrivez) chez toi (vous) à quelle heure?
Normalement, j'arrive chez moi vers ... heures ...

2 *Find your way:*

Pardon, | madame, | pour aller | à la poste | svp?
mademoiselle,		au port
monsieur,		à l'hôtel de la plage
		à une boulangerie
		à un restaurant
		au syndicat d'initiative

Est-ce qu'il y a | une pharmacie | près d'ici svp?
| une banque |
| un arrêt d'autobus |

Où est | la gare routière | svp?
| la mairie (l'hôtel de ville) |
| la gare SNCF |

C'est loin?   C'est proche?

C'est assez loin. C'est très proche.

C'est à dix minutes.
       cent mètres.
       quatre kilomètres.

passage protégé you have right of way

un permis de conduire driving licence

Qu'est-ce qu'il y a? What is wrong?

un vélomoteur a moped

Tournez | à gauche/droite | au stop.
Prenez | | au rond-point.
| | au feu rouge.

Prenez la | première | (rue) | à | gauche.
| deuxième | | | droite.
| troisième etc. |

Allez tout droit.
Continuez.

Allez | au bout de la rue.
| jusqu'à la mairie.
| jusqu'au supermarché Unico.

Traversez | la place Godard.
| le pont Bonaparte.

C'est | à gauche/droite | en face | du cinéma.
| sur votre gauche/droite | à côté | de la poste.

Je suis désolé(e) | mais | je ne comprends pas.
Je regrette | | je ne sais pas.
Je m'excuse | | je ne le (la) connais pas.
Excusez-moi
Pardon

Voulez-vous | répéter, | svp?
Pouvez-vous | parler plus lentement, |

Merci | bien.
| beaucoup.
| mille fois.

Je vous remercie (beaucoup).

Word bank B

de bonne heure early
déposer to 'drop off'
faire de l'autostop to hitch hike
pratique practical
s'approcher to approach
un carrefour crossroads
une horloge clock
municipal town . . .
un(e) passant(e) passer-by
se perdre to get lost
sens unique one way (street)
le trottoir the pavement
en avance early
une couchette sleeping berth
défense de (. . .) (. . .) not allowed
fumer to smoke
un train omnibus stopping train
rouler to travel (*of vehicle*)

Can you . . .?

1 *Use public transport:*

Est-ce qu'il y a | un train | pour Melle | ce matin | svp?
| un car | | cet après-midi |
| un bus | | ce soir |

Oui, | il y en a un à neuf heures dix.
| il y en a deux à quatorze heures et à seize heures trente.

Le prochain | bus | pour Nantes part à quelle heure?
| car |
| train |

Il part | tout de suite.
| dans quinze minutes.
| à 22h 50.

Il (le train/le bus/le car) part de quel quai?
Il part du quai numéro . . .

Il arrive à quelle heure?

Je vais partir à sept heures.
Je vais arriver juste avant neuf heures.

la voie track
voyager to travel
un bateau boat
la frontière frontier, border
j'ai (…) à déclarer I have (…) to declare
je n'ai rien à déclarer I have nothing to declare
un vol flight
voler to fly
se dépêcher to hurry
être de retour to be back
un moyen means (of transport)
revenir to come back
aucun no …, no one
un chemin way, road
interdit forbidden
pas de quoi don't mention it
à peine hardly
quelque part somewhere
une sortie an exit
arrière rear
le chemin de fer railway
défendu forbidden
la durée duration
à l'heure on time
une portière carriage door
un supplément an extra payment
une voiture carriage
un aéroport airport
une ceinture de sécurité safety belt
une hôtesse de l'air air hostess

Je voudrais | un aller-retour, | deuxième classe, | pour Amiens.
            | un aller simple, | première classe, |

Je peux réserver une place, s'il vous plaît?
Je peux avoir un horaire, s'il vous plaît?
Vous me donnez un plan du métro, s'il vous plaît.
Je peux avoir un carnet, s'il vous plaît?
C'est combien?

Est-ce qu'il y a une réduction pour étudiants?
Il faut payer un supplément(?)

C'est bien | le train | pour Niort, s'il vous plaît?
           | le car |
           | le bus |
           | le quai |
           | l'arrêt |

Où est | la salle d'attente. | s'il vous plaît?
       | le bureau de renseignements |
       | le guichet |
       | la consigne |
       | le buffet |
       | l'arrêt |

Où sont les toilettes?

Est-ce qu'il faut changer?
C'est direct?

Cette place est | libre(?)
                | occupée(?)

2 *Travel by air or sea:*

Many of the expressions that you have learned for public transport in general can also be used here.

e.g.: L'avion pour Paris part à quelle heure? Le ferry pour Douvres part à quelle heure, s'il vous plaît?

However, there are some special expressions that you need to learn:

Est-ce qu'il y a un avion qui va à Marseille, aujourd'hui?
Il y a un vol pour Rome ce soir?
Le vol dure combien de temps?
Un aller-retour, classe touriste, s'il vous plaît.
Je voudrais être | à l'arrière.
                 | dans la section (non-)fumeurs.

C'est quelle porte?
Attachez vos ceintures.
C'est bien l'hovercraft pour Boulogne?
Les boutiques hors taxe sont à votre disposition sur le pont B.
Messieurs et Mesdames les passagers sont priés de rejoindre leurs véhicules.
Vous avez quelque chose à déclarer?
Je n'ai rien à déclarer.
Je veux déclarer …

Word bank C

une amende fine
assuré(e) insured
une batterie car battery
le coffre car boot
le deux-temps two stroke
louer to hire, rent
le moteur the engine
une police d'assurance
  insurance policy
ralentir to slow down
une assurance insurance
avoir le droit to have the right
circuler to circulate, move (*of
  traffic*)
crevé punctured
le lavage washing
la marque make
un piéton pedestrian
un(e) pompiste petrol attendant
la pression pressure
stationner to park

Can you . . .?

1 *Travel by private vehicle:*

Je voudrais	vingt litres de super	s'il vous plaît.
	soixante francs d'ordinaire	
	trente francs de mélange	
	dix litres de gas-oil	

Faites le plein, s'il vous plaît.

Pouvez-vous	vérifier	les pneus?
Voulez-vous		l'huile?
		l'eau?

Vous avez le téléphone?

Il y a un magasin?

C'est bien la route pour Strasbourg?

2 *Cope with a breakdown:*

| Je suis | en panne. |
| On est | |

Je suis en panne d'essence.

Pouvez-vous envoyer quelqu'un?

Je suis sur la nationale 21 à quelques kilomètres au nord-est de Périgueux, près de Thiviers.

Je suis sur l'autoroute A71 en direction d'Orléans.
Je suis à deux kilomètres au sud d'Olivet.

C'est quelle marque, votre voiture?

C'est	une Peugeot	rouge.
	une Ford	jaune.
	une Fiat	verte.
	une Volkswagen	grise.

J'ai un pneu crevé.

Je vous dois combien?

Je voudrais un reçu, s'il vous plaît.

Units 17–19

Word bank

une pension boarding house
des arrhes deposit
une chambre de famille a family room
le directeur (la directrice) manager(ess)
poussez push
une sortie de secours emergency exit
toute l'année all year
un dortoir dormitory
une poubelle dustbin
un séjour stay
un(e) adulte adult
un dépôt de butane shop where you can get butane gas
un gardien a warden
plats cuisinés ready-cooked meals
de grand confort very comfortable
apprécier to appreciate
déranger to disturb
de grand luxe very luxurious
se plaindre to complain
louer to hire
le règlement the rules
eau (non) potable (non) drinking water
une prise de courant electric current
pension complète full board
une chambre de libre a room available
une clé (clef) key
complet full
une fiche form, slip
une note bill
privé private
tirez pull
une valise suitcase
bienvenue welcome
un drap sheet
une salle de jeux games room
le tarif price list
un arbre tree
un emplacement 'plot'
repas à emporter take-away meals

Can you ...?

1 *Book a hotel room and check in:*

Vous avez de la place?
Vous avez une chambre de libre?

Je voudrais réserver une chambre | pour | une personne.
| | deux personnes.
| de famille.
| du 5 au 12 juillet.
| pour trois nuits.
| avec | salle de bains.
| | douche.
| | WC.
| | téléphone.
| | télévision.

C'est combien par | personne?
| nuit?

Je la prends. C'est parfait.
Je ne la prends pas. C'est trop cher.
Vous avez quelque chose de moins cher?
C'est combien une chambre sans salle de bains?
Les repas sont compris?
Le petit déjeuner | est à quelle heure?
Le déjeuner |
Le dîner |

Vous avez réservé?
Oui, en effet, j'ai téléphoné pour réserver il y a huit jours.
Non, je suis désolé(e) mais je n'ai pas réservé.

Il y a un restaurant | dans l'hôtel?
| près de l'hôtel?

Où est | l'ascenseur | , s'il vous plaît?
| la salle à manger |
| la salle de bains |

Je peux avoir | ma clé (clef), s'il vous plaît?
| la clé de la chambre 27?

Je peux avoir ma note, s'il vous plaît?
Je voudrais payer tout de suite, s'il vous plaît.

Pardon, j'ai à me plaindre ...
L'ascenseur ne marche pas.
Il fait trop froid dans ma chambre.
Il n'y a pas de savon.
Les serviettes sont sales.
La télévision ne marche pas.
La douche ne marche pas.
Il y a une erreur dans ma note.

la glace ice
un terrain (de camping) campsite
s'installer to settle in
critiquer to criticize
indiquer indicate, point
le Michelin rouge hotel guide
un reçu receipt
un repas préparé prepared meal
aménagé equipped
un matelas pneumatique airbed

2 *Stay at a youth hostel:*

Vous avez de la place?
C'est pour deux garçons et deux filles.
Est-ce qu'il y a | une salle de jeux?
| une cuisine?
| un magasin près d'ici?

Où est le dortoir des | garçons?
| filles?

Où sont | les douches?
| les lavabos?

Pouvez-vous m'indiquer les toilettes?
Je peux louer | des draps?
| un sac de couchage?

On peut sortir le soir?
L'auberge est ouverte jusqu'à quelle heure?
Vous fermez à quelle heure?
Vous ouvrez à quelle heure?

3 *Stay at a campsite:*

Je voudrais un emplacement pour | une tente.
| une caravane.

Nous sommes | en voiture.
| en moto.
| à bicyclette.

C'est combien les douches chaudes?
Où est | le bloc sanitaire?
| le magasin?

Où sont | les sanitaires?
| les poubelles?
| les bacs à vaisselle?
| les bacs à linge?

Est-ce qu'il y a | un dépôt de butane?
| un supermarché?

Je voudrais | une bouteille de gaz | , s'il vous plaît.
| une boîte d'allumettes
| de la glace
| un ouvre-boîte

Units 20–21

Word bank

s'amuser to enjoy oneself
au bord de la mer at the seaside
la campagne country
une excursion trip
Noël Christmas
faire une promenade to go for a trip
partir en vacances to go on holiday
à partir de starting from
une revue magazine
un appareil-photo camera
un bureau de tourisme tourist office
à l'étranger abroad
quinze jours fortnight
Pâques Easter
tout le monde everyone
une agence de voyages travel agency
se passer to happen
un spectacle show
s'en aller to go away
le congé holiday, leave
une pellicule film (*for camera*)
une affiche poster
s'informer to make inquiries
la publicité advert, advertising
son et lumière sound and light display
beaucoup de monde a lot of people
se faire bronzer to get a tan
se souvenir to remember
une (petite) annonce (small) advert
s'intéresser à to take an interest in
un jardin zoologique zoo

Les pays:

la Grande-Bretagne (britannique) Great Britain
le Royaume Uni United Kingdom
l'Irlande (irlandais) Ireland
l'Ecosse (écossais) Scotland

Can you . . .?

1 *Talk about holidays:*

Où est-ce que tu passes (vous passez) tes (vos) vacances, en général?
Où est-ce que tu pars (vous partez) en vacances, | d'habitude?
| généralement?
| normalement?

D'habitude | je vais | à l'étranger.
| nous allons | en France.
| on va | au Portugal.
| | à la campagne.
| | à la montagne.
| | à Southend.

Tu pars (vous partez) pour combien de temps généralement?
En général | je pars | pour | une semaine.
| nous partons | | quinze jours.
| on part | | un mois.

Ça dure combien de temps les vacances?
Normalement ça dure | une quinzaine.
| deux mois.
| quelques jours.

Je ne peux pas partir en vacances car . . .
| mon père/ma mère est en chômage.
| nous ne sommes pas assez riches.

Parle-moi (parlez-moi) des vacances.

Je fais du camping.
Je préfère les auberges de jeunesse.
Le plus souvent je pars avec mes parents.
Je préfère partir | avec mes | ami(e)s.
| | copains/copines.
| tout(e) seul(e).

Qu'est-ce que tu fais (vous faites) en vacances?
Je | fais de la planche à voile.
| nage.
| me baigne dans la mer.
| fais des promenades.
| fais des randonnées.
| visite des | musées.
| | monuments.
| fais du canoë/kayak.
| prends des bains de soleil.

Es-tu (êtes-vous) parti(e) en vacances | cette année?
| l'année dernière?
| l'été dernier?

Non, je suis resté(e) chez moi.
Oui, je suis allé(e) | à Torquay.
| en Finlande.

171

le Pays de Galles (gallois)
  Wales
l'Angleterre (anglais) England
la France (français) France
la Belgique (belge) Belgium
l'Allemagne (allemand)
  Germany
l'Italie (italien) Italy
le Luxembourg (luxembourgeois)
  Luxemburg
la Hollande (les Pays Bas)
  (hollandais) Holland
le Danemark (danois) Denmark
l'Espagne (espagnol) Spain
le Portugal (portugais)
  Portugal
la Russie (l'URSS) (russe)
  Russia (USSR)
la Pologne (polonais) Poland
la Suisse (suisse) Switzerland
la Suède (suédois) Sweden
la Finlande (finlandais)
  Finland
les Etats-Unis (les USA)
  (américain) United States
  (USA)

Quelques villes:

Londres
Edimbourg
Douvres
Québec (québecois)

Des fleuves:

la Seine
la Loire
le Rhône
la Garonne
la Dordogne
le Rhin
la Tamise the Thames

Des montagnes:

les Alpes
les Pyrénées
le Massif Central

Des régions de la France:

la Côte d'Azur the Riviera
le Midi the South

C'était comment?
Ce n'était pas mal.
Je me suis bien amusé(e).
C'était vraiment moche.

L'hôtel	était	super.
Le camping		très confortable.
L'auberge		affreux (-euse).

Comment as-tu (avez-vous) voyagé?

On a voyagé	en	voiture.
J'ai voyagé		avion.
Nous avons voyagé		train.
		bateau.
		vélo.
		moto.
	à	bicyclette.
		pied.

Tu es parti(e) avec qui?

Je suis parti(e)	avec	mon ami(e).
		mes ami(e)s.
		ma famille.
		mes parents.

Quel temps a-t-il fait?

Il a fait	(assez)	beau.
	(très)	mauvais.
		chaud.
		froid.

Il a fait du soleil.
Il a plu, etc.

Ça a duré combien de temps les vacances?
Ça a duré une semaine, etc.

As-tu (avez-vous) l'intention de partir en vacances cette année?

| Non, je vais rester | à la maison. |
| | chez moi. |

Oui, je vais aller	au bord de la mer.
	à Rome.
	en Irlande, etc.

As-tu (avez-vous) jamais visité la France?
Es-tu (êtes-vous) jamais allé(e) en France?

Non, je n'ai jamais visité la France.
Non, je ne suis jamais allé(e) en France.

Oui,	j'y suis allé(e)	il y a	deux ans.
	j'ai visité la France		quelques mois.
	je suis allé(e) en France		plusieurs semaines.

Qu'est-ce que tu as (vous avez) fait là-bas?

J'ai visité	les monuments.
	des musées.
	des châteaux.
	la Tour Eiffel.

J'ai rendu visite à mon correspondant/ma correspondante.

Des mers:

la Méditerranée
l'Atlantique
la Mer du Nord
la Manche the English Channel

2 *Get about as a tourist in France:*

Pour aller au syndicat d'initiative, s'il vous plaît?
Allez tout droit.

J'aimerais avoir des renseignements sur | Bressuire | , s'il vous
| cette ville | plaît.
| cette région |

Je peux avoir | une carte routière?
| un plan de la ville?
| des brochures?
| une liste des hôtels?
| une liste des terrains de camping?

Quelles distractions y a-t-il par ici?
Qu'est-ce qu'il y a à faire dans la région?

L'excursion à Rouen part à quelle heure, s'il vous plaît?
Le spectacle commence/finit à quelle heure?

C'est où exactement le château?
Y a-t-il une visite guidée?

Ça coûte combien?

Tu veux (vous voulez) visiter le musée avec moi demain?
Oui, je veux bien.
Non, je suis désolé(e) mais . . .

Word bank A

une boum party
chouette great
ennuyeux boring
une excursion trip
un passe-temps hobby
se promener to go for a walk
les sports d'hiver winter sports
le Tour de France round France
  cycle race
un bal a ball (dance)
un film d'amour love film
un film comique comedy film
un film policier detective film
un film d'epouvante horror film
les informations the news
une pièce play
rire to laugh
une séance showing
version originale original
  version
version française French-
  language version
un western western (film)
avoir horreur de to hate
se reposer to have a rest
une émission programme
faire du bricolage to do DIY
un hobby hobby
l'amour love
un dessin animé cartoon
l'entr'acte interval
un feuilleton serial
une ouvreuse usherette
la sortie exit
un sous-titre sub-title
le championnat championship
drôle funny
une équipe team
pas mal not bad
passionnant interesting
sensass sensational
une surprise-partie party
une chanson song
interdit forbidden
raconter to tell a story
un jouet toy
une soirée evening, party
s'ennuyer to get bored
les gens people

Can you . . . ?

1 *Talk about hobbies and interests:*

Quels sont tes (vos) passe-temps?
Qu'est-ce que tu fais (vous faites) quand tu es (vous êtes) libre?
Que fais-tu (faites-vous) le week-end? le soir?

Je regarde la télé.

Je fais │ du cheval.
        │ du vélo.
        │ du patinage.
        │ du patin à roulettes.
        │ du sport.
        │ des randonnées.

Je collectionne des timbres.

Je joue │ au tennis, etc.
        │ de la guitare.
        │ du piano, etc.

J'aime │ aller │ au cinéma.
       │   │ en boîte.
       │   │ au club des jeunes.
       │   │ à la piscine.
       │ faire du bricolage.

Qu'est-ce que tu as fait (vous avez fait) │ hier soir?
                                          │ le week-end dernier?

J'ai rendu visite à │ ma grand-mère.
                    │ mon oncle.
                    │ mon ami(e).

Je suis allé(e) │ chez ma tante.
                │ au théâtre.
                │ à un match de football.

Est-ce que tu pratiques (vous pratiquez) un sport?
Es-tu (êtes-vous) sportif (sportive)?
Tu fais (vous faites) du sport?

Non, pas du tout. Je n'aime pas le sport. Je le trouve très ennuyeux.
Oui, bien sûr. Je me passionne pour le sport.
Mon sport préféré c'est │ la natation.
                         │ la planche à voile.
                         │ l'athlétisme.

Es-tu (êtes-vous) fort(e) │ en football.
                          │ en équitation? etc.

Oui. Je suis très fort(e).
Non. Je suis nul (nulle).
Non. Je préfère regarder le sport à la télé.

Tu fais (vous faites) de la peinture?
Oui, bien sûr.
Non, absolument pas!

le tricot knitting
un comédien actor
un documentaire documentary
l'espionnage spying
la guerre war
un pourboire tip
un sourire smile

Tu es (vous êtes) membre d'un club? d'une société?
Oui, je fréquente un club des jeunes.

Est-ce qu'il y a | une piscine | en ville?
| un stade | près d'ici?
| un complexe sportif |
| un cinéma |

Oui, il y en a un(e) à deux cents mètres d'ici.
Je suis désolé(e) mais je ne sais pas. Je ne suis pas d'ici.
Non, il n'y en a pas.

Qu'est-ce que tu penses (vous pensez) | du film?
Qu'est-ce que tu as (vous avez) pensé | de l'émission?
| du programme?
| du livre?
| du magazine?

C'est | chouette.   Je l'aime beaucoup.
C'était | sensass.   Je l'ai beaucoup aimé(e).
| super.   Je ne l'ai pas aimé(e).
| intéressant.
| passionnant.   Tu es (vous êtes) d'accord?
| ennuyeux.   Je suis d'accord.
| moche.   Je ne suis pas d'accord.
| désagréable.   A mon avis, tu as (vous avez) tort/raison.

2 *Go to a place of entertainment:*

Une seule place, s'il vous plaît.
Je voudrais deux places | au balcon | , s'il vous plaît.
| à l'orchestre |

Ça coûte | combien?
C'est |

Le film | commence | à quelle heure?
Le concert | finit |
La séance |
Le spectacle |

C'est | quel genre | de | film?
C'était | | | pièce?
| | | d'émission?

C'est | un film d'aventures/d'épouvante/policier/d'amour/
C'était | de guerre/de science-fiction/d'espionnage.
| un western.
| une pièce dramatique.
| une émission comique.
| un documentaire.
| les informations.
C'était bon | le film?
| le documentaire?
| la pièce?

Oui, | c'était vachement | bien.
Non, | | mauvais.

Word bank B

un(e) camarade mate
un membre member
toujours always
bonne année happy new year
bonne fête happy 'fête' (saint's day)
enchanté delighted
insupportable unbearable
rencontrer to meet
à demain see you tomorrow
accompagner to accompany
avoir lieu to take place
c'est entendu agreed
un(e) correspondant(e) pen-friend
souvent often
bon anniversaire happy birthday
bonne chance good luck
un cadeau a present
la connaissance the acquaintance
enfin at last
remercier to thank
se voir to see each other
à lundi see you Monday
attendre to wait for
c'est dommage it's a pity
bonne idée good idea
malheureusement unfortunately
avec plaisir with pleasure
presque almost
ravi delighted
zut! damn!
une ambiance atmosphere
la cotisation subscription
s'entendre to get on well
la maison des jeunes youth club
participer to take part
une société society, club
bienvenue welcome
de la part de on behalf of
ça m'est égal it's all the same to me
n'importe où no matter where
de nouveau again
promettre to promise
tant pis so much the worse
une crise a crisis
faire la grève to go on strike

Can you . . .?

1 *Talk about friends in France:*

Tu as (vous avez) | des ami(e)s | en France?
| un(e) correspondant(e) |

Comment | est-il ton ami français?
| est-elle ton amie française?

Il est | grand.   Elle est | grande.
| petit. | petite.
| mince. | mince.
| gros. | grosse.

Il a | les cheveux blonds.
Elle a | les yeux gris, etc.

2 *Meet people:*

Je te (vous) présente mon ami(e) . . .
Enchanté.

3 *Make a date:*

Qu'est-ce que tu veux faire | aujourd'hui?
| ce soir?
| demain matin?

Veux-tu aller | au | concert | avec moi?
| cinéma
à la plage
en boîte

Si on allait au café?

Oui, je veux bien.
Non, je regrette mais je ne peux pas.
C'est | possible.
| impossible.

Ça se peut.
Quelle bonne idée!
Chouette!
Super!
Formidable!

Ça m'étonne.
Je ne sais pas.
Je (ne) suis (pas) certain(e).

On se rencontre | devant le cinéma?
| au café Napoléon?
| au stade?

Je passe chez toi?
Tu passes chez moi?

A quelle heure?
A sept heures et demie.
A neuf heures moins dix, etc.

Ça coûte combien, l'entrée?
Ça coûte vingt francs.

se produire to happen
mieux better
prendre rendez-vous to
  arrange a meeting
proposer to suggest
refuser to refuse
une conférence a lecture
discuter to discuss
fréquenter to frequent
s'occuper à to occupy oneself in
une réunion meeting
aimable' nice
un(e) collègue colleague
souhaiter to wish
empêcher to prevent
n'importe qui no matter who
ce n'est pas la peine it's not
  worth the effort
tant mieux so much the better
volontiers willingly
un événement event
une manifestation
  demonstration

Excuse-moi d'être en retard.

Qu'est-ce qu'on passe au cinéma ce soir?

Qu'est-ce qui passe à la télé ce soir?

Il y a | un film d'Alain Delon.
       | un documentaire.

Je préfère les films comiques.

J'aime mieux les émissions sur le sport.

4 *Talk about the news:*

C'est une catastrophe. Qu'est-ce que tu en penses (vous en pensez)?

Tu as vu (vous avez vu) l'article dans le journal?

Les ouvriers de l'usine Renault font la grève.

Je suis pour.

Je suis contre.

Tu as (vous avez) vu les événements à la télé?

Il y a eu des manifestations.

Que penses-tu (pensez-vous) de la crise du chômage?

A mon avis on va bientôt déclarer la guerre.

Units 26–28

Word bank A

aller mieux to be feeling better
le cœur the heart
propre clean
la santé health
le savon soap
se coucher to go to bed
l'assurance insurance
conseiller to advise
un coup de soleil sunburn
la diarrhée diarrhoea
faire mal to hurt
le mal de mer sea sickness
au secours! help!
un essuie-mains hand towel
sale dirty
une serviette towel
le ventre tummy
garder son lit to stay in bed
le cabinet surgery
le coton hydrophile cotton wool
une cuillerée a spoonful
être admis to be admitted
une insolation sun stroke
mort dead
mourir to die
une opération operation
une ordonnance prescription
une pastille pastille
une piqûre sting; injection
un remède remedy
**une salle de
  consultation** consulting room
la sympathie sympathy
tomber to fall
la voix voice
se noyer to drown
un opticien optician
un pansement dressing
une pilule pill
pleurer to cry
un rendez-vous appointment
un sirop syrup
le sparadrap sticking plaster
se taire to be quiet
vivant alive
vomir to be sick, vomit

Can you . . .?

1 *Look after your health and other people's as well:*

Je me sens | bien.
           | mal.
           | malade.

Ça va mieux maintenant.
Je suis fatigué(e).

J'ai | faim.
   | soif.
   | chaud.
   | froid.
   | de la température.
   | de la fièvre.

Je peux prendre | un bain?
               | une douche?

Je peux | emprunter | du savon?
      | avoir | du dentifrice?
              | une serviette?

Je voudrais | me reposer.
         | me coucher.

Ma tête | me fait mal.
Ma jambe
Mon bras

Au secours!
Au feu!
Attention | au car!
         | à la voiture!

2 *Deal with a doctor, chemist, or dentist:*

Allô. Bonjour. Je voudrais prendre rendez-vous avec
  | le docteur | , s'il vous plaît.
  | le médecin
  | le dentiste

Je peux voir le docteur?
Qu'est-ce que vous avez?
Où est-ce que ça vous (te) fait mal?

J'ai | mal | au bras.
Mon ami a | | au ventre.
Ma sœur a | | au pied.
Un homme a | | à la tête.
Une femme a | | à l'estomac.

Je suis enrhumé(e).
J'ai la grippe.

Depuis quand?
Depuis | ce matin.
      | hier soir.
      | mardi dernier.

Vous souffrez d'une insolation.

Est-ce que vous prenez (tu prends) des médicaments?
Oui, je prends | un sirop pour la toux.
           | des cachets deux fois par jour.
           | des comprimés toutes les quatre heures.

J'ai mal à la gorge. Vous avez quelque chose pour ça?
Je voudrais des pastilles, s'il vous plaît.

Vous avez une assurance?

Le cabinet du docteur est ouvert de dix-sept heures à dix-neuf heures
  du lundi au vendredi.

Word bank B

aider to help
au feu! fire!
avoir le droit to have the right
brûler to burn
circuler to move (*of traffic*)
une collision collision
un constat accident report form
dépasser to pass, overtake
freiner to brake
une amende fine
une auto car
blessé hurt, injured
la chaussée road-way
le code de la route highway code
un conducteur driver
le consulat the consulate
écraser to crush
un gendarme policeman
une gendarmerie police station
heurter to run into, collide with
se mettre en colère to get angry
le péage toll
un piéton pedestrian
une police
   d'assurance insurance policy
un sapeur-pompier fireman
pourtant however
ralentir to slow down
renverser to knock over
un risque risk
le sens direction
un témoin witness
le trottoir pavement
un véhicule vehicle
hélas! alas!
la marque make
mouillé wet
un permis de conduire driving
   licence
un poids lourd heavy lorry
police-secours emergency
   services
un poste de police police
   station
la priorité right of way
remplir to fill in
responsable responsible
rouler to travel (*of vehicles*)
surprenant surprising
tiens! well, well!
tuer to kill

Can you . . .?

Cope at the scene of an accident:

Je vous conseille de	téléphoner	à	un docteur.
Pouvez-vous			la police.
		aux sapeurs-pompiers.
		à police-secours.
		à l'hôpital.
	au consulat	britannique.
		irlandais.

Quels sont vos nom et adresse?

Voulez-vous remplir | un constat?
Si on remplissait |

Ce n'était pas de ma faute.
A mon avis, c'etait la faute du conducteur de la Peugeot.
L'accident a été provoqué par le piéton.

Un poids-lourd a heurté un bus.

Une moto a renversé un moto-cycliste.
Un jeune homme est tombé de son vélo.

C'est grave?
Non, ce n'est pas tellement grave.
Oui, le cycliste est gravement blessé.

Un accident a eu lieu sur la nationale 82, près de Roanne.

Units 29–31

Word bank A

par avion airmail
un colis parcel
le guichet counter, 'window'
un annuaire telephone directory
une cabine téléphonique phone
  box
compter to count
le courrier mail
faire erreur to make a mistake
un jeton a token
mettre à la poste to post
l'opérateur, -trice operator
de la part of on behalf of
un appel en PCV reversed
  charge call
rappeler to call back
une carte bancaire banker's
  card
une livre sterling £1 sterling
une boîte aux lettres post box
fragile fragile
P et T/PTT post office
à l'appareil on the phone,
  'calling'
composer le numéro to dial
un coup de
  téléphone telephone call
décrocher le combiné to lift the
  receiver
un formulaire form
une levée collection
occupé engaged
en panne out of order
payer au mot pay per word
ne quittez pas hold the line
raccrocher to hang up
la tonalité dialling tone
un chèque de voyage travellers'
  cheque

Can you . . .?

1 *Make the most of the post:*

Est-ce qu'il y a	un bureau de poste	près d'ici, svp?
	un bureau de tabac	
	une boîte aux lettres	

| La poste | ouvre | à quelle heure? |
| | ferme | |

Pardon, quelles sont les heures d'ouverture de la poste, s'il vous plaît?

C'est combien pour envoyer

une carte postale	aux Etats-Unis	, s'il vous plaît?
une lettre	en Allemange	
ce colis	en Irlande	
ce paquet	au Luxembourg	
un télégramme	en Grande Bretagne	

| Je voudrais | deux timbres | pour la Grande Bretagne | , svp. |
| | trois timbres | à 3F 10 | |

C'est tout, merci.

Je peux recevoir mon courrier *poste restante*, s'il vous plaît?

Il y a une cabine téléphonique près d'ici, s'il vous plaît?
Il y en a une au coin de la rue.
Je peux téléphoner d'ici?
Je peux avoir des pièces de . . . francs pour le téléphone, s'il vous plaît?
Vous me faites de la monnaie de 50 francs, s'il vous plaît?

Voulez-vous (veux-tu) m'appeler ce soir?

Mon numéro de téléphone c'est le . . .
Vous avez (tu as) le téléphone?
Quel est votre (ton) numéro de téléphone?

Je peux vous (te) rappeler demain matin?
Je vais vous (t') appeler après-demain.
Allô. François Joubert à l'appareil.
Je peux parler à Jean-Paul Boucher, s'il vous plaît?

2 *Use bank services:*

Je voudrais changer des chèques de voyage, s'il vous plaît.
Est-ce que je peux changer 30 livres sterling?

Vous avez une pièce d'identité?
Oui, j'ai mon passeport.

Je peux avoir des billets de cinquante francs, s'il vous plaît?
Vous me donnez des pièces de dix francs, s'il vous plaît?

Voulez-vous signer ici, s'il vous plaît?

Passez à la caisse, s'il vous plaît.

Word bank B

un appareil-photo camera
avant-hier the day before yesterday
un carnet de chèques (un chéquier) cheque book
clair light (*of colour*)
décrire to describe
dedans inside
une fiche slip, form
foncé dark (*of colour*)
large wide
un mouchoir handkerchief
neuf, neuve brand new
pardonner to excuse, forgive
puisque since
reconnaître to recognize
retrouver to find again
rendre to give back
un vol theft
avant before
cambrioler to burgle
une caméra movie camera
carré square
ceci this
mécontent unhappy
déçu disappointed
fâché angry
un flash flash (*camera*)
furieux, -euse furious
lequel, laquelle? which one?
moyen, -enne medium, average
un parapluie umbrella
partout everywhere
une récompense reward
rectangulaire rectangular
rond round
se souvenir to remember
voler to steal

Word bank C

une batterie car battery
un bruit noise
une cordonnerie cobbler's
après-demain the day after tomorrow
emprunter to borrow
en mauvais état in bad condition
les freins brakes

Can you . . .?

Report a loss or theft:

J'ai perdu | mon appareil-photo. Qu'est-ce qu'il faut faire?
On m'a volé |

Il faut | aller | au | bureau des objets trouvés.
Vous devez | | | commissariat.
 | | à la gendarmerie.

Pardon, mademoiselle, j'ai perdu | mon | portefeuille.
 | | billet.
 | | sac.
 | | passeport.
 | ma | valise.
 | | montre.
 | | caméra.
 | mes clés.

Vous | l'avez laissé(e) | où et quand?
 | les avez laissé(e)s |

Je l'ai laissé(e) | dans le buffet.
Je les ai laissé(e)s | au quai numéro 5, près du téléphone.
 | dans l'autobus.

Comment | est-il votre portefeuille?
 | est-elle votre montre?

Il est | grand.
 | petit.
 | rectangulaire.
 | en plastique.
 | en cuir véritable.

Elle est | carrée.
 | ronde avec un bracelet en plastique.

C'est une *Swatch*.

Votre portefeuille, qu'est-ce qu'il y avait dedans?
Il y avait quelques billets de cinquante francs, mes cartes bancaires et une photo de ma famille.

Can you . . .?

Get things cleaned or repaired:

Est-ce qu'il y a une laverie automatique près d'ici, s'il vous plaît?
Je voudrais faire nettoyer ce blouson à sec, s'il vous plaît. Il est très sale.
Pouvez-vous me laver ce chemisier, s'il vous plaît?
J'aimerais faire réparer | mon appareil-photo | , s'il vous plaît.
 | mes chaussures |

Pouvez-vous me raccommoder ce pull, s'il vous plaît?
Mon bracelet est cassé.

une **laverie**
  automatique laundrette
le nettoyage à sec dry cleaning
une pile battery
un plombier plumber
raccommoder to mend, darn
remercier to thank
la roue de secours spare wheel
les vitesses the gears
bizarre strange
casser to break
dans ce cas in that case
échanger to exchange
l'embrayage clutch
en bon état in good condition
fier, fière proud
garantir to guarantee
malgré in spite of
un moteur engine
une pièce de rechange spare
  part
se plaindre to complain
prêt ready
rembourser to give money back
une réparation repair
un trou hole

Ça prendra combien de temps?
Une heure . . . ou deux.

Quand est-ce que ce sera prêt?
A partir de demain midi.
Ça coûtera combien?
Soixante francs, environ.
Oh là là, c'est cher!
Je suis très mécontent(e). Il y a un trou dans cette chemise que j'ai achetée ici avant-hier.
Je suis fâché(e). Ça ne va pas du tout.
Je voudrais me plaindre de . . .
Ma voiture est en panne. Je pense que c'est | l'embrayage.
                                            | la batterie.

Maintenant c'est parfait! Je vous remercie.

Units 32–33

Word bank

l'argent de poche pocket money
faire des économies to save
un solde bank balance
une augmentation increase
un budget budget
une carte de crédit credit card
dépenser to spend
la caisse cashdesk, till
gratuit free
bon marché cheap
un compte bancaire bank
  account
une dépense expenditure
emprunter to borrow
un paiement payment
un reçu receipt
supplémentaire extra
ça vaut that is worth
prêter to lend
un supplément addition
une taxe charge

Can you . . .?

Deal with money and prices:

C'est | combien?
Ça fait |
Ça coûte|

C'est | un peu | cher.
      | trop |

Je n'ai pas assez d'argent pour acheter ça.

Tu reçois de l'argent de poche?
Combien d'argent de poche est-ce que tu reçois?
Je reçois | cinq livres par semaine.
          | cinquante pence tous les samedis.
          | dix livres par mois.
Je n'en reçois pas.

Que fais-tu de ton argent de poche?
J'économise deux livres par semaine, autrement je le dépense sur des vêtements, des disques, etc.

Units 34–36

Word bank A

d'abord at first

le bac(calauréat) exam taken at 18

la chimie chemistry

le directeur, la directrice head teacher

une étude study

étudier to study

un jeu game

une langue language

une matière subject

la physique physics

la récréation break

les résultats results

les travaux manuels craft

vouloir to want, wish

bête stupid

un certificat certificate

un diplôme a diploma

s'ennuyer to get bored

il vaut mieux it is better to . . .

réussir to succeed

apprendre to learn

un CES secondary school

les cours commerciaux business studies

un emploi du temps timetable

l'enseignement education, teaching

un(e) étudiant(e) student

la gymnastique gymnastics

un labo(ratoire) (lab)oratory

un lycée school (similar to a 6th form college)

les notes marks

le progrès progress

la rentrée return to school after the holidays

secondaire secondary

l'université university

un brevet certificate

un congé (short) holiday, leave

la durée the duration

s'entendre to get on well with

s'intéresser à to be interested in

obligatoire compulsory

Can you . . .?

Talk about school:

Ton (votre) collège, comment s'appelle-t-il?

Il s'appelle . . .

C'est grand?

C'est un (assez, très) | grand | collège.
                 | petit |

C'est un collège moyen.

Il y a combien d'élèves?

Il y en a huit cents.

Il y a combien d'élèves par classe?

Il y en a 25 environ.

Qu'est-ce qu'il y a comme bâtiments à ton (votre) collège?

Il y a des salles de classe, naturellement, mais il y a aussi

    un gymnase.

    un centre sportif.

    une bibliothèque.

    des salles de travaux manuels.

    des laboratoires.

    un laboratoire de langues.

Il est moderne?

Il est assez moderne.

Il est très vieux.

Il y a quelques bâtiments modernes: le gymnase, par exemple.

Il y a plusieurs bâtiments préfabriqués.

La journée scolaire | commence | à quelle heure?
                   | finit |

Elle commence à neuf heures moins dix.

Elle finit à trois heures et demie.

On prend le déjeuner à midi moins dix.

Le déjeuner dure une heure et cinq minutes.

Il y a une récré(ation) de 15 minutes le matin et une de 10 minutes l'après-midi.

Les cours durent combien de temps?

Ils durent une heure dix, chacun.

Il y a combien de cours par jour?

Il y en a quatre.

Tu reçois (vous recevez) des devoirs?

Oui, trop!

Non, pas du tout.

Ça dépend de la matière.

Tu as (vous avez) combien d'heures de devoirs par semaine?

Environ six heures par semaine

Que penses-tu (pensez-vous) de l'année scolaire?

Elle est trop | longue.
             | courte.

Il y a trop de vacances!
Il n'y a pas assez de vacances!

Tu as (vous avez) combien de semaines de vacances?
Nous en avons 12, je crois.

Tu étudies (vous étudiez) quelles matières?
J'étudie | les mathématiques.
       | l'anglais.
       | le français.
       | l'allemand.
       | l'espagnol.
       | l'italien.
       | le russe.
       | les sciences, etc.

Quelles sont tes (vos) matières préférées?
Je préfère le français parce que le prof est sympa.
J'aime mieux les mathématiques parce que c'est très intéressant.
Est-ce qu'il y a des matières que tu n'aimes pas (vous n'aimez pas)?
Oui, je n'aime pas les mathématiques parce que c'est très ennuyeux.
Je déteste la physique. C'est trop difficile.

Tu fais (vous faites) d'autres activités au collège?
Oui, je fais du sport.
Oui, je suis membre | d'une équipe de | football.
                             | hockey, etc.
                | d'un club.
                | d'une société.

Lequel? Laquelle?
Le club de gymnastique.

As-tu (avez-vous) déjà fait des visites avec le collège?
Non, pas du tout.
Oui, je suis allé(e) en | France | il y a deux ans.
                   | Ecosse |
                   | Autriche pour un stage de ski.

Word bank B

les affaires business
l'avenir future
le chômage unemployment
un coiffeur/une coiffeuse hairdresser
un décorateur decorator
gagner to earn
un mécanicien mechanic
un ouvrier/une ouvrière worker
un syndiqué union member
un atelier workshop
une carrière career
un chômeur unemployed person
le commerce trade, business
un(e) dactylo typist
devenir to become
un infirmier/une infirmière nurse
un métier trade profession
un syndicat union
la vie life

Can you . . . ?

Talk about the future:

Qu'est-ce que tu vas (vous allez) faire après les examens?
Ça dépend de mes résultats!

J'espère | trouver un emploi tout de suite.
| faire un stage commercial.
| rester au collège pour suivre des cours de . . .

Qu'est-ce que tu veux (vous voulez) devenir?
J'aimerais être | mineur.
| facteur.
| acteur/actrice.
| coiffeur/coiffeuse.
| chauffeur de camion.
| docteur.
| pharmacien(ne).

J'aimerais travailler dans | une usine.
| un bureau.

Je ne sais pas encore.
Je ne suis pas encore sûr(e).

Je voudrais faire des études de . . . à l'université.

Tout de suite après mes examens j'ai l'intention de | partir en vacances.
| trouver un emploi.

Tu comptes (vous comptez) te (vous) marier plus tard?
Ça dépend. Pour l'instant je préfère ne pas y penser!

Grammar survey

1 The article

French has two words for *a (an)*.
They are **un** and **une**. Learn which nouns take which: **un** homme, **une** femme.

There are *three* French words for *the*:
le is used with **un** words;
la is used with **une** words;
les is used with words in the plural, whether they take **le** or **la**.
Un pont becomes **le** pont,
une robe becomes **la** robe.
The plurals are **les ponts, les robes**.

Le and **la** (but never **les**) are shortened to **l'** before vowels (and sometimes **h**):
l'avion, l'agence, l'hôtel.
But: **les avions, les agences, les hôtels**.

Some is said in French by using the following:
du, de l', de la, des.

Du is a shortened form of **de le** (which is *never* used). **Du** is used with **un/le** words:
  du pain – some bread
De la is used with **une/la** words:
  de la viande – some meat
De l' is used with either **un/le** or **une/la** words if they begin with a vowel (or sometimes **h**):
  de l'argent – some money, **de l'eau** – some water, **de l'huile** – some oil
Des is used with *all* plurals.
  des pommes – some apples, **des ananas** – some pineapples, **des hôpitaux** – some hospitals.

De, d' are used instead of **du, de la, de l', des** after negatives:
Je n'ai pas de pommes.
Elle n'a plus d'argent.

De, d' are also used after containers or expressions of quantity:
200 grammes de pâté
une bouteille de vin rouge
un kilo d'oranges

The same words can also be used to mean *of the*:
la porte *de la* **salle de bains** – the bathroom door
le fils *du* **facteur** – the son of the postman (the postman's son)
le prix *des* **petits pois** – the price of the peas

They are also used with expressions which take **de** like **près de, en face de**, etc.
J'habite près *de l'*école.
L'hôpital est en face *de la* **gare**.

The word **à** joins up with **le, la, les** in the same way:
au, à l', à la, aux

Je vais **au** commissariat.
Tu vas **à l'**école?
Il va **à la** mairie.
Elle va **aux** magasins.

2 The noun

French nouns have *gender*. That means that they are all either *masculine* or *feminine*.
Masculine nouns can be recognized by **un/le**.
Feminine nouns can be recognized by **une/la**.

When you learn new nouns, always learn **le pantalon** or **la jupe**, not just **pantalon** and **jupe**.
To make most nouns plural just add **-s**.
Use **les** (*the*) or **des** (*some*):
des carottes   **les garçon**s

Nouns which normally end in **-s**, **-x**, or **-z** do *not* change in the plural:
le fils   – des **fils**
le nez   – des **nez**
la voix   – des **voix**

Nouns which normally end in **-eau** take **-x** in the plural:
un gâteau   – des gâteau**x**

Many nouns which normally end in **-al** have plurals in **-aux**:
un animal   – des anim**aux**

Some nouns which usually end in **-ou** or **-eu** have a plural ending in **-x**:
un chou   – des chou**x**
un feu   – des feu**x**
un jeu   – des jeu**x**

Note these:
un monsieur   – des **mes**sieurs
madame   – **mes**dames
mademoiselle   – **mes**demoiselles
un œil   – des **yeux**

3 The adjective

a Position

French adjectives usually *follow* the noun that they describe.

un roman **intéressant**, une veste **rouge**, un homme **désagréable**

A few very common adjectives go *in front* of the noun:

**beau   bon   grand   jeune   gros   joli
mauvais   autre   premier   meilleur
excellent   petit   vieux   nouveau
long   seul**

b Agreement

French adjectives *agree* with the nouns that they describe.

Masculine singular nouns take the normal form of the adjective:

un petit cheval

Feminine agreement is usually shown by just adding **e** to the normal form of the adjective:

une petit*e* fenêtre.

Masculine plural agreement is usually shown by adding **-s** to the adjective: **de petit*s* garçons**

Feminine plural agreement is usually shown by adding **-es** to the adjective:

de petit*es* filles.

If an adjective already ends in **-e** in the masculine singular, there is *no* change in the feminine singular.

e.g. **jaune, rouge**

Here are some adjectives which do slightly more than just add **-e** in the feminine singular:

Masculine	Feminine
blanc	blan**che**
cher	ch**ère**
favori	favori**te**
gentil	genti**lle**
gros	gros**se**
premier	prem**ière**
beau	be**lle**
bon	bon**ne**
frais	fra**îche**
long	long**ue**
léger	lég**ère**
secret	secr**ète**
inquiet	inqu**iète**
bas	bas**se**
ancien	anci**enne**

épais	épais**se**
bref	br**ève**
actif	acti**ve**
neuf	neu**ve**
public	publi**que**
sec	s**èche**
doux	dou**ce**
jaloux	jalou**se**
roux	rou**sse**
faux	fau**sse**
fou	fo**lle**

When an adjective ends in **-eux**, its *feminine* form ends in **-euse**:

délicieux	délici**euse**
silencieux	silenci**euse**
affreux	affr**euse**
amoureux	amour**euse**
furieux	furi**euse**
paresseux	paress**euse**
heureux	heur**euse**

If the *masculine singular* of an adjective ends in **-s** or **-x**, there is no change in the *masculine plural*:

gros
vieux

Many adjectives which end in **-al** have plurals in **-aux**:

loyal   loy**aux**

The feminine agreement remains **-e** or **-es**.

Some adjectives have a special masculine form which is used before masculine singular nouns which begin with a vowel (and sometimes **h**).

Masc.	*Masc. before vowel*	*Fem.*
vieux	**vieil**	vieille
beau	**bel**	belle
nouveau	**nouvel**	nouvelle

un **vieil** ami, un **bel** avion, un **nouvel** examen

c Comparison

Adjectives can be used to compare *two* or *more* persons or things.

The following can be used:

plus + adjective **que**...
moins + adjective **que**...
aussi + adjective **que**...

Marc est **plus grand que** Marie.
Marie est **moins grande que** Marc.
Jeanne est **aussi grande que** Marie.

To say something is *the biggest, the most important, the least important* and so on, just put **le, la, les** in front of **plus** or **moins**:

Marseille est le port **le plus important** de France.
C'est l'èmission **la moins intéressante** à la radio.

To say *the best* use: **le meilleur**
la meilleure
les meilleur(e)s

C'est **la meilleure** équipe de football **du** monde.
This type of expression always has **du, de l', de la, des** in the place of the English *in*.

Pire is used to mean *worse* and **le pire** is used to mean *the worst*.

d Possessive adjectives

These tell you about the *ownership* of articles. Some possessive adjectives have *three* forms:
masculine singular; *feminine singular*; *plural*. The others have only *two* since the masculine and feminine singular are the same.

Masc. Sing.	Fem. Sing.	Plural
mon	ma	mes
ton	ta	tes
son	sa	ses
notre	notre	nos
votre	votre	vos
leur	leur	leurs

mon crayon, **ma** veste, **mes** chaussettes

Note: Possessive adjectives *agree* with the *noun* they describe and *not* the owner of the noun.
Sa mère can mean *his* or *her* mother.

Use **mon, ton, son** instead of **ma, ta, sa** with feminine nouns which begin with a vowel (or sometimes **h**):

mon orange, **ton** école, **son** amie

Note: **C'est à moi** – It's mine. (See section on pronouns, p.190.)

There is no **'s** in French, so to say *Pierre's father* say:
Le père de Pierre.

e Demonstrative adjectives

In English, the demonstrative adjectives are:
this, that, these, those.
In French, there are four different forms:

ce	masculine singular
cet	masculine singular in front of a vowel (and sometimes **h**)
cette	feminine singular
ces	plural (masc. or fem.)

ce stylo, **cet** homme, **cet** enfant, **cette** chambre, **ces** poires

If you want to emphasize *this, that, these, those* add **-ci** for *this/these* and **-là** for *that/those*:

ce crayon-**ci**	*this* pencil
ces garçons-ci	*these* boys
cette table-là	*that* table
ces hommes-là	*those* men

f Some useful adjectives to learn

i Tout – all, every

tout	masculine singular
toute	feminine singular
tous	masculine plural (note that this is an exception to the usual rule)
toutes	feminine plural

tout le pain
toute la viande
But: **tous** les garçons
toutes les filles

A number of important expressions use **tout**:

tout le monde
à tout à l'heure
tous les jours
toutes les semaines
tous les vendredis
tous les combien?
toutes les dix minutes
tout à coup
tout de suite

ii Chaque – each
Donne un cadeau à **chaque** invité!

iii Plusieurs – several
Quelques – some
J'ai **plusieurs** timbres français.
J'ai **quelques** timbres américains.
Plusieurs never changes but **quelques** is sometimes found in the singular.

iv Un tel, une telle – such a
Je n'ai jamais vu **un tel** joueur de football.
Je n'ai jamais visité **une telle** cathédrale.

v   Autre – other
Je voudrais une **autre** tasse, s'il vous plaît.

vi   **Quel? – What? Which?**

quel	masculine singular
quelle	feminine singular
quels	masculine plural
quelles	feminine plural

C'est quel quai?
Quelle est la date?
Vous aimez quels disques?
Quelles sont les différences?

déjà   already
encore   again, yet, still
maintenant   now
quelquefois   sometimes
souvent   often
toujours   always, still
tout à coup   suddenly
assez   enough, quite
longtemps   a long time
plutôt   rather
presque   almost
quand même   all the same
tellement   so

4   The adverb

French adverbs are usually placed directly *after* the verb or at the *beginning* of the sentence.

Je vais **souvent** à la piscine.
D'abord, je suis allé au café.

Most French adverbs are formed by adding **-ment** to the *feminine singular* of the adjective:
heureuse → **heureusement**

If the adjective ends in a vowel the masculine form is used:
poli → **poliment**

Note the following:
évidemment   evidently
récemment   recently
lentement   slowly
bien   well
mal   badly
gentiment   kindly
peu   little
mieux   better
énormément   enormously
profondément   deeply
vite   quickly
ailleurs   elsewhere
partout   everywhere
dedans   inside
dehors   outside
debout   standing
dessous   underneath
dessus   above
aussitôt   immediately
tout de suite   immediately
d'abord   at first
bientôt   soon
tout à l'heure   soon

5   The pronoun

a   Personal pronouns

je	I	**nous**	we
tu	you (*sing.*)	**vous**	you (*plur.*)
il	he	**ils**	they
elle	she	**elles**	they
on	one		

Used with reflexive verbs:

me	me, to me
te	you, to you
se	(to) himself, herself, itself
nous	us, to us
vous	you, to you
se	(to) themselves

Je **me** lave, tu **te** laves, *etc.*

Used in front of a verb:

me	me, to me
te	you, to you
lui	to him, her, it
nous	us, to us
vous	you, to you
leur	to them
le, la, l'	him, her, (it)
les	them

Je **le lui** ai donné.
Ne **les leur** donnez pas!
Elle **nous les** offre.

y – there, to it

en – of it, of them, some

This chart can be used for reference to remind you of the order of these words when they come in front of the verb:

me te se nous vous	le la les	lui leur	y	en

When these words *follow* the verb in an *order*, the word order is the same as in English: Donnez-**le-moi**! Give *it to me*!

Notice that **moi** and **toi** are used after the verb.

When **y** or **en** are used with **moi** or **toi**, **moi** becomes **m'** and **toi** becomes **t'**: Donnez-**m'en**!

b Emphatic pronouns

moi I, me
toi you
lui he, him, it
elle she, her, it
nous we, us
vous you
eux they, them
elles they, them

These are used as follows:
  i In a one-word answer:
    Qui a fait cela?
    Lui, monsieur.
  ii After a preposition:
    avec **elle**, à côté d'**eux**, c'est à **nous**.
  iii After **c'est**, **ce sont**:
    C'est **moi**. Ce sont **elles**.
  iv For emphasis:
    Moi, j'aime le yaourt.
    Also with **-même**:
    Il l'a fait **lui-même**.
  v When you want to say e.g.
    Paul and I or *Paul and me*:
    Paul et **moi**.

c Relative pronouns

qui who, which (*subject*)
que (qu') whom, which (*object*)
dont of whom, of which, whose

Un homme **qui** travaille dans une boulangerie s'appelle un boulanger.
La femme **que** j'aime s'appelle Jeanne.

Un garçon **dont** je ne connais pas le nom a perdu son stylo.

lequel   laquelle   lesquels   lesquelles

This pronoun is similar in its forms to **quel**. It means *which*. It is used after prepositions: **sans**, **dans**, **sur**, **avec**, etc.
You choose the form according to whether the thing you are talking about is masculine or feminine, singular or plural:
Voici le couteau avec lequel il a tué sa femme.

The following forms are also possible:

duquel   de laquelle   desquels   desquelles
auquel   à laquelle   auxquels   auxquelles

These are used with expressions which take **à** or **de**.
La fenêtre près de laquelle il est assis.
Le camping auquel elle est allée la semaine dernière.

ce qui   ce que   ce dont

These mean *that which, what*.
Ce que j'aime c'est le vin français.
Ce qui est nécessaire, c'est d'acheter son billet tout de suite.
Ce dont j'ai besoin, c'est un plus grand sac à main.

d Demonstrative pronouns

celui-ci, celle-ci – this one
celui-là, celle-là – that one
ceux-ci, celles-ci – these
ceux-là, celles-là – those

Tu aimes quelle jupe?
Je n'aime pas **celle-ci**. Je préfère **celle-là**.

e Interrogative pronouns

These are used to begin questions:

Qui...? Qui est-ce qui...? Who...?
Qui va faire la vaisselle?
Qui est-ce qui va faire la vaisselle?

Que...? Qui est-ce que...? Whom...?
Que sais-tu d'elle?
Qui est-ce que tu veux voir?

Qu'est-ce qui...? Qu'est-ce que...? What...?
Qu'est-ce qui se passe?
Qu'est-ce que vous désirez?

f Possessive pronouns

Masc. Sing.	Fem. Sing.	Masc. Plural	Fem. Plural	
le mien	la mienne	les miens	les miennes	*mine*
le tien	la tienne	les tiens	les tiennes	*yours*
le sien	la sienne	les siens	les siennes	*his/hers*
le nôtre	la nôtre	les nôtres	les nôtres	*ours*
le vôtre	la vôtre	les vôtres	les vôtres	*yours*
le leur	la leur	les leurs	les leurs	*theirs*

Ce n'est pas le mien, c'est le leur.

6 The verb

a The present tense

There are *three* main types of *regular* verbs in French. They are known by the last two letters of their infinitive:

parl**er** -**er** verbs
chois**ir** -**ir** verbs
vend**re** -**re** verbs

When you know the present tense of one verb out of each group you can use it to help you make the present tense of all the other verbs in those groups because the endings are always the same.

Regular -er verbs

Remove -**er** from the infinitive and add the following endings:

dans**er** → **dans-**

Je dans**e** (I dance, am dancing, do dance)

Tu dans**es**	Nous dans**ons**
Il dans**e**	Vous dans**ez**
Elle dans**e**	Ils dans**ent**
On dans**e**	Elles dans**ent**

Note: **ouvrir**, **couvrir**, **offrir**, **souffrir** form their present tense like -**er** verbs:
J'offre, etc.

Watch out for these slight irregularities!

commencer	nous commen**ç**ons
avancer	nous avan**ç**ons
manger	nous mang**e**ons
voyager	nous voyag**e**ons
jeter	je**tt**e je**tt**es je**tt**e
	je**t**ons je**t**ez je**tt**ent
appeler	appe**ll**e appe**ll**es appe**ll**e
	appe**l**ons appe**l**ez appe**ll**ent
répéter	rép**è**te rép**è**tes rép**è**te
	rép**é**tons rép**é**tez rép**è**tent
espérer	esp**è**re esp**è**res esp**è**re
	esp**é**rons esp**é**rez esp**è**rent

nettoyer	nettoie nettoies nettoie
	nettoyons nettoyez nettoient

(also: envoyer, employer)

essayer	essaie essaies essaie
	essayons essayez essaient

(also: payer)

Occasionally you will see the **y** kept throughout the -**ayer** verbs in the present tense.

ii Regular -ir verbs

Remove -**ir** from the infinitive and add the following endings:

rempl**ir** → rempl-

Je rempl**is** (I fill, am filling, do fill)
Tu rempl**is**
Il rempl**it**
Elle rempl**it**
On rempl**it**
Nous rempl**issons**
Vous rempl**issez**
Ils rempl**issent**
Elles rempl**issent**

iii Regular -re verbs

Remove -**re** from the infinitive and add the following endings:

attend**re** → attend-

J'attend**s** (I wait, am waiting, do wait)
Tu attend**s**
Il attend
Elle attend
On attend
Nous attend**ons**
Vous attend**ez**
Ils attend**ent**
Elles attend**ent**

Note: **il**, **elle**, and **on** don't add anything.

iv Reflexive verbs

The present tense of these verbs is formed in the same way as other verbs, *except* that the following are included before the verb: **me, te, se, nous, vous, se**.

Je **me** couche (I go to bed, am going to bed, do go to bed)

Tu **te** couches
Il **se** couche
Elle **se** couche
On **se** couche
Nous **nous** couchons
Vous **vous** couchez
Ils **se** couchent
Elles **se** couchent

v Irregular verbs

See verb charts (pp.198-201) for important irregular verbs.

b The perfect tense

The perfect tense of French verbs is formed by adding the *present tense* of **avoir** or **être** ('auxiliary verbs') to the past participle of a verb. The past participles of regular verbs are formed like this:

-er verbs: Remove **-er** from the infinitive and add **-é**.
chant**er** → chant- → chant**é**

-ir verbs: Remove **-ir** from the infinitive and add **-i**.
sais**ir** → sais- → sais**i**

-re verbs: Remove **-re** from the infinitive and add **-u**.
descend**re** → descend- → descend**u**

Most verbs use **avoir** to make their perfect tense:

J'ai parlé   **Nous avons** parlé
Tu as parlé   **Vous avez** parlé
Il a parlé   **Ils ont** parlé
Elle a parlé   **Elles ont** parlé
On a parlé

The following verbs use **être** instead:
arriver   partir   aller   venir   monter descendre   entrer   sortir   rester   tomber naître   mourir   retourner   devenir revenir   rentrer

Je suis arrivé(e)   **Nous sommes** arrivé(e)s
Tu es arrivé(e)   **Vous êtes** arrivé(e)(s)
Il est arrivé   **Ils sont** arrivés
Elle est arrivée   **Elles sont** arrivées
On est arrivé

A number of important verbs have *irregular* past participles. Here are some of the most common:

J'ai **fait**   (faire)
J'ai **pris**   (prendre)
J'ai **compris**   (comprendre)
J'ai **dit**   (dire)
J'ai **couru**   (courir)
J'ai **dû**   (devoir)
J'ai **lu**   (lire)
J'ai **reçu**   (recevoir)
J'ai **vu**   (voir)
J'ai **bu**   (boire)
J'ai **cru**   (croire)
J'ai **eu**   (avoir)
J'ai **été**   (être)
J'ai **su**   (savoir)
J'ai **pu**   (pouvoir)
J'ai **voulu**   (vouloir)
J'ai **mis**   (mettre)
J'ai **connu**   (connaître)
J'ai **souffert**   (souffrir)
J'ai **tenu**   (tenir)
J'ai **écrit**   (écrire)
J'ai **suivi**   (suivre)
J'ai **ri**   (rire)
J'ai **souri**   (sourire)
J'ai **offert**   (offrir)
J'ai **ouvert**   (ouvrir)
Je suis **venu**   (venir)
Je suis **revenu**   (revenir)
Je suis **devenu**   (devenir)
Je suis **né**   (naître)
Il est **mort**   (mourir)

Perfect reflexives

All reflexive verbs take **être** in the perfect tense. They are formed like other **être** verbs except that **me, t', s', nous, vous, se** are placed before the part of **être**.

Je **me** suis habillé(e)
Tu **t'**es habillé(e)
Il **s'**est habillé
Elle **s'**est habillée
On **s'**est habillé
Nous **nous** sommes habillé(e)s
Vous **vous** êtes habillé(e)(s)
Il **se** sont habillés
Elles **se** sont habillées

Agreement of the past participle
Etre verbs

Look at the examples of **être** verbs shown above to see how the past participle agrees with the person doing the action.

Avoir verbs

With **avoir** verbs there is no agreement with the person doing the action (subject). There is an agreement with an object (**la**, **les**, **que**) when it comes before the verb.

La viande?   Je l'ai mangé**e**.
Les gants?   Je **les** ai perdu**s**.
Tu as vu **la lampe que** j'ai acheté**e** hier?

Note the meanings of the perfect tense:
J'ai parlé (I spoke, have spoken, did speak)

c The future tense

The **immediate future**: This tense is formed by adding an infinitive to the parts of the present tense of **aller**.

Je **vais** manger	Nous **allons** dessiner
Tu **vas** partir	Vous **allez** boire
Il **va** jouer	Ils **vont** souffrir
Elle **va** danser	Elles **vont** nager
On **va** chanter	

Note the meaning: Je **vais** manger – I *am going* to eat.

The **simple future**: The future tense of *most* verbs is formed by adding the future endings to the *infinitive*. In the case of **-re** verbs the final **-e** is left out.

donner

Je donner**ai**	Nous donner**ons**
Tu donner**as**	Vous donner**ez**
Il donner**a**	Ils donner**ont**
Elle donner**a**	Elles donner**ont**
On donner**a**	

choisir

Je choisir**ai**	Nous choisir**ons**
Tu choisir**as**	Vous choisir**ez**
Il choisir**a**	Ils choisir**ont**
Elle choisir**a**	Elles choisir**ont**
On choisir**a**	

entendre

J'entendr**ai**	Nous entendr**ons**
Tu entendr**as**	Vous entendr**ez**
Il entendr**a**	Ils entendr**ont**
Elle entendr**a**	Elles entendr**ont**
On entendr**a**	

A number of French verbs have irregular futures. Here are the most important ones:

j'**aurai**	(avoir)
j'**irai**	(aller)
je **ferai**	(faire)
je **serai**	(être)
je **recevrai**	(recevoir)
je **devrai**	(devoir)
j'**apercevrai**	(apercevoir)
je **verrai**	(voir)
j'**enverrai**	(envoyer)
je **viendrai**	(venir)
je **tiendrai**	(tenir)
je **saurai**	(savoir)
je **voudrai**	(vouloir)
je **pourrai**	(pouvoir)
je m'**assiérai**	(s'asseoir)
je **courrai**	(courir)
il **mourra**	(mourir)
il **vaudra**	(valoir)
il **faudra**	(falloir)

Some other verbs make a slight change:

je jett**erai**	(jeter)
j'appell**erai**	(appeler)
je lè**verai**	(lever)
j'achè**terai**	(acheter)
j'essai**erai**	(essayer)

Note the meaning: **Je parlerai** – I *shall* speak.

d The imperfect tense

The imperfect tense is formed by adding the imperfect endings to the imperfect stem. The imperfect stem is formed by removing **-ons** from the **nous** form of the present tense of a verb.

finir → nous finiss**ons** → **finiss-**

Je finiss**ais**	Nous finiss**ions**
Tu finiss**ais**	Vous finiss**iez**
Il finiss**ait**	Ils finiss**aient**
Elle finiss**ait**	Elles finiss**aient**
On finiss**ait**	

The only exception to this rule is **être**.

J'étais	Nous étions
Tu étais	Vous étiez
Il était	Ils étaient
Elle était	Elles étaient
On était	

Note the meanings: **je finissais** – I *was* finishing, *used to* finish, finished.

Remember: When you are writing in the past, the *perfect tense* is used for completed action and the *imperfect* is used for description, 'was _____ing', and 'used to'.

e The pluperfect tense

Sometimes instead of using the perfect tense, e.g. 'he lived' or 'he has lived', you want to go further back into the past and say 'he *had* lived'. This is known as the *pluperfect tense*. To form the pluperfect in French is very easy. It is very similar to the perfect but you use the *imperfect* of **avoir** and **être** instead of the present:

J'avais fini	I had finished
Tu avais fini	You had finished
Il avait fini	He had ...
Elle avait fini	She ...
On avait fini	One ...
Nous avions fini	We ...
Vous aviez fini	You ...
Ils avaient fini	They ...
Elles avaient fini	They ...

J'étais arrivé(e)	I had arrived
Tu étais arrivé(e)	You had arrived
Il était arrivé	He had ...
Elle était arrivée	She ...
On était arrivé(e)(s)	One ...
Nous étions arrivé(e)s	We ...
Vous étiez arrivé(e)(s)	You ...
Ils étaient arrivés	They ...
Elles étaient arrivées	They ...
Nous étions arrivé(e)(s)	They ...

What do these examples mean?

Il ne les a pas vus parce qu'ils étaient partis avant son arrivée. (Notice that the past participles agree with the subject of the sentence when **être** is used.) Il n'avait pas vu la voiture à cause du camion.

Find more examples of this tense through the book. Look particularly at *Mon étrange voisine* (p.18).

f The past historic tense

Look again at *Mon étrange voisine* (p.18). Find the following verbs:

j'eus   ajouta-t-elle   elle raconta   elle montra continua-t-elle   je quittai   je fus

All these verbs are in a tense called the *past historic*. As you know, the French word **histoire** means *story* or *history*. The past historic is only used for writing stories in French. And the only time you will usually hear it spoken is when a story is being read

out. It means exactly the same as the perfect so once you learn to recognize it you will have no difficulty understanding it. Most past historics are easy to recognize as you will see below. Although you could come across a past historic used with any person, you are most likely to find the parts used with je, il, elle, ils, elles.

This is how to recognize the past historic tense.

All **-er** verbs have the following endings:

Je quitt**ai**	Nous quitt**âmes**
Tu quitt**as**	Vous quitt**âtes**
Il quitt**a**	Ils quitt**èrent**
Elle quitt**a**	Elles quitt**èrent**
On quitt**a**	

There are two other major sets of endings for the past historic:

Most verbs ending in **-ir** and **-re** have these endings:

Je part**is**	Nous part**îmes**
Tu part**is**	Vous part**îtes**
Il part**it**	Ils part**irent**
Elle part**it**	Elle part**irent**
On part**it**	

Many verbs ending in **-oir**, **-oire**, **-aître** take the following endings, e.g. **croire**:

Je cr**us**	Nous cr**ûmes**
Tu cr**us**	Vous cr**ûtes**
Il cr**ut**	Ils cr**urent**
Elle cr**ut**	Elles cr**urent**
On cr**ut**	

In a large number of cases you can recognize the past historic of a verb if you know its past participle. Study these:

avoir	eu	**il eut**
boire	bu	**il but**
connaître	connu	**il connut**
courir	couru	**il courut**
devoir	dû	**il dut**
dire	dit	**il dit**
dormir	dormi	**il dormit**
lire	lu	**il lut**
mettre	mis	**il mit**
partir	parti	**il partit**
pouvoir	pu	**il put**
prendre	pris	**il prit**
recevoir	reçu	**il reçut**

savoir	su	**il sut**
sortir	sorti	**il sortit**
suivre	suivi	**il suivit**
vivre	vécu	**il vécut**
vouloir	voulu	**il voulut**

Watch out for these important exceptions:

être	été	**il fut**
faire	fait	**il fit**
mourir	mort	**il mourut**
naître	né	**il naquit**
voir	vu	**il vit**

Venir, **tenir**, and other verbs made from them (e.g. **devenir**, **retenir**) have a form all of their own:

Je vins	Je tins
Tu vins	Tu tins
Il vint	Il tint
Elle vint	Elle tint
On vint	On tint
Nous vînmes	Nous tînmes
Vous vîntes	Vous tîntes
Ils vinrent	Ils tinrent
Elles vinrent	Elles tinrent

Look out for examples of past historics in your reading!

g The conditional tense

This tense looks very much like the *future tense* and it is formed in the same way except that the endings are different. Where the future tense means *will*, the conditional tense means *would*.

J'aimer**ais**	I would like
Tu aimer**ais**	You would like
Il aimer**ait**	He ...
Elle aimer**ait**	She ...
On aimer**ait**	One ...
Nous aimer**ions**	We ...
Vous aimer**iez**	You ...
Ils aimer**aient**	They ...
Elles aimer**aient**	They ...

h The conditional perfect tense

Look again at *Mon étrange voisine* (p.18).
Find this expression: **J'aurais aimé avoir une petite-fille comme toi**. I would have liked to have had a granddaughter like you.
J'aurais aimé = I would have liked.

You can do the same thing with other words:

J'aurais choisi = I would have chosen.
J'aurais fait mes devoirs = I would have done my homework.
Make some up for yourself.

This is how you put the conditional tense one step further back into the past:

The *conditional perfect tense* is formed by putting the conditional of **avoir** or **être** in front of a past participle:

J'aurais préféré
Tu aurais préféré
Il aurait préféré
Elle aurait préféré
On aurait préféré
Nous aurions préféré
Vous auriez préféré
Ils auraient préféré
Elles auraient préféré

Je serais parti(e)
Tu serais parti(e)
Il serait parti
Elle serait partie
On serait parti(e)(s)
Nous serions parti(e)s
Vous seriez parti(e)(s)
Ils seraient partis
Elles seraient parties

Using the charts above, find the French for ...
We would have preferred.
They would have left.
She would have preferred.
He would have left.

i Questions

Questions can be formed in several different ways:
  i By raising the tone of your voice at the end of a statement:
     Tu aimes le pain?
  ii By putting **Est-ce que ...?** in front of a statement:
     Est-ce que tu aimes le pain?
  iii Except with **je**, you can invert the verb and the pronoun:
     Aimes-tu le pain?
     If two vowels should happen to come together by this process, a **t** is inserted:
     Jean-Paul a-t-il joué au football?

195

j Negatives

ne . . . pas – not
Look at these examples to see how ne . . . pas fits round the verb:
Je ne parle pas.
Je n'aime pas le pain.
Je ne mangerai pas cette viande.
Je n'ai pas chanté.
Je ne suis pas allé.

Remember these as well:
ne . . . plus no longer, no more
ne . . . rien nothing
ne . . . jamais never
ne . . . personne no one
ne . . . ni . . . ni neither . . . nor
ne . . . que only
ne . . . aucun(e) no

Note the different word order with the following:
Personne n'est venu.
Je n'ai vu personne.
Je n'ai mangé que deux pommes.
Je n'ai entendu aucun bruit.
Je n'ai mangé ni les légumes ni la viande.

k Orders

To give orders in French:
i To one person whom you know well:
Use the tu form of the verb without tu.
Tu choisis → Choisis!
Choisis une glace!
In the case of -er verbs the final -s is left off:
Tu manges → Mange!
(Note also: Va!)
ii To one person whom you don't know well or to more than one person:
Use the vous form without the vous.
Vous regardez → Regardez!
Regardez ce garçon!
iii To say Let's . . .
Use the nous form of the verb without nous.
Nous allons → Allons!
Allons au cinéma! Let's go to the cinema!

This is what happens with reflexive verbs:
i Lève-toi!
ii Levez-vous!
iii Levons-nous!

Negative orders:

Ne choisis pas!	Ne te lève pas!
Ne choisissez pas!	Ne vous levez pas!
Ne choisissons pas!	Ne nous levons pas!

l The present participle

This is formed in French by removing the -ons from the nous form of the present tense and adding -ant.
nous parlons → parlant
nous saisissons → saisissant
nous descendons → descendant

Note the exceptions to the rule:
être → étant – being
avoir → ayant – having
savoir → sachant – knowing

The present participle is used with en to mean while, on, or by doing something.
En entrant dans la salle à manger, il a vu son ami.
En descendant l'escalier, il a vu un fantôme.
Elle a décidé de fêter son anniversaire en faisant une boum chez elle.

m The perfect infinitive

This is formed as follows:
après avoir + past participle
après être + past participle
après s'être + past participle

This type of expression is used to say 'after having done something':
après avoir bu son vin
après être arrivé au cinéma
après s'être réveillé de bonne heure

n When two verbs are used together

Examples of verbs which don't need a preposition: aimer, aller, espérer, devoir, falloir, pouvoir, savoir

Examples of verbs which do need a preposition: commencer à, continuer à, apprendre à, décider de, essayer de, finir de, refuser de

You will meet many more. Make a note of them and learn them!

o Si

Si can be used to mean:
i so Elle est si belle.
ii yes (when contradicting someone)
Tu n'aimes pas le pain?
Mais si!
iii if

Use si with the present tense and the future tense in the other part of the sentence to make some sentences like these:

S'il fait mauvais, nous resterons à la maison.
S'il vient, je lui donnerai ton cadeau.

Notice also these uses of **si**:

si + imperfect tense + conditional tense:

Si j'étais riche j'achèterais une moto.
If I were rich I would buy a motorbike.

si + pluperfect tense + conditional perfect:

Si elle était arrivée à l'heure elle n'aurait pas
manqué le bus.
If she had arrived on time she wouldn't have
missed the bus.

p Depuis

J'habite en France **depuis** deux mois.
In this type of sentence, French uses the present
tense where English says
'have (has) been _____ing'.
Depuis + present tense is used to mean *for* (a
certain time) in the past if the action is still going
on.

When the verb is in the *perfect tense* this expression
means 'had been _____ing'.

J'habitais en France **depuis** deux mois.
I had been living in France for two months.

q Venir de

This expression means 'to have just...'
Je **viens d'**arriver. I have just arrived.
All the parts of the present tense of the verb **venir**
can be used with it.

When the *imperfect* of **venir** is used, the expression
means 'had just':
Je **venais d'**arriver. I had just arrived.

r The passive voice

Sometimes a tense of the verb **être** is used with
another past participle which then acts like an
adjective.

L'homme **a été transporté** à l'hôpital.
The man *was taken* to the hospital.

French people frequently avoid the use of the
passive by using **on** instead:
On a transporté l'homme à l'hôpital.

Spoken French frequently uses a reflexive verb in
such situations:
Le lait se vend à l'épicerie.
Milk *is sold* at the grocer's.

Ça se fait en Bretagne.
That *is done* in Brittany.

Irregular verbs

Infinitive	Present participle	Present		Perfect Pluperfect	Future Conditional	Imperfect Past historic
acheter to buy	achetant	j'achète tu achètes il achète	nous achetons vous achetez ils achètent	j'ai acheté j'avais acheté	j'achèterai j'achèterais	j'achetais j'achetai
aller to go	allant	je vais tu vas il va	nous allons vous allez ils vont	je suis allé(e) j'étais allé(e)	j'irai j'irais	j'allais j'allai
appeler to call	appelant	j'appelle tu appelles il appelle	nous appelons vous appelez ils appellent	j'ai appelé j'avais appelé	j'appellerai j'appellerais	j'appelais j'appelai
s'asseoir to sit down	asseyant	je m'assieds tu t'assieds il s'assied	nous nous asseyons vous vous asseyez ils s'asseyent	je me suis assis(e) je m'étais assis(e)	je m'assiérai je m'assiérais	je m'asseyais je m'assis
avoir to have	ayant	j'ai tu as il a	nous avons vous avez ils ont	j'ai eu j'avais eu	j'aurai j'aurais	j'avais j'eus
battre to beat	battant	je bats tu bats il bat	nous battons vous battez ils battent	j'ai battu j'avais battu	je battrai je battrais	je battais je battis
boire to drink	buvant	je bois tu bois il boit	nous buvons vous buvez ils boivent	j'ai bu j'avais bu	je boirai je boirais	je buvais je bus
commencer to start	commençant	regular, but note: nous commençons		j'ai commencé j'avais commencé	je commencerai je commencerais	je commençais je commençai
conduire to drive (*also*: traduire, produire, détruire)	conduisant	je conduis tu conduis il conduit	nous conduisons vous conduisez ils conduisent	j'ai conduit j'avais conduit	je conduirai je conduirais	je conduisais je conduisis
connaître to know (*also*: reconnaître, paraître, apparaître, disparaître)	connaissant	je connais tu connais il connaît	nous connaissons vous connaissez ils connaissent	j'ai connu j'avais connu	je connaîtrai je connaîtrais	je connaissais je connus
courir to run	courant	je cours tu cours il court	nous courons vous courez ils courent	j'ai couru j'avais couru	je courrai je courrais	je courais je courus

Infinitive	Present participle	Present		Perfect Pluperfect	Future Conditional	Imperfect Past historic
craindre to fear (*also*: atteindre, éteindre, peindre, joindre)	craignant	je crains tu crains il craint	nous craignons vous craignez ils craignent	j'ai craint j'avais craint	je craindrai je craindrais	je craignais je craignis
croire to believe	croyant	je crois tu crois il croit	nous croyons vous croyez ils croient	j'ai cru j'avais cru	je croirai je croirais	je croyais je crus
devoir to have to, must; to owe	devant	je dois tu dois il doit	nous devons vous devez ils doivent	j'ai dû j'avais dû	je devrai je devrais	je devais je dus
dire to say	disant	je dis il dit	nous disons vous dites ils disent	j'ai dit j'avais dit	je dirai je dirais	je disais je dis
dormir to sleep (*also*: mentir, sentir, partir, servir, sortir)	dormant	je dors tu dors il dort	nous dormons vous dormez ils dorment	j'ai dormi j'avais dormi	je dormirai je dormirais	je dormais je dormis
écrire to write	écrivant	j'écris tu écris il écrit	nous écrivons vous écrivez ils écrivent	j'ai écrit j'avais écrit	j'écrirai j'écrirais	j'écrivais j'écrivis
envoyer to send	envoyant	j'envoie tu envoies il envoie	nous envoyons vous envoyez ils envoient	j'ai envoyé j'avais envoyé	j'enverrai j'enverrais	j'envoyais j'envoyai
espérer to hope (*also*: protéger, régner)	espérant	j'espère tu espères il espère	nous espérons vous espérez ils espèrent	j'ai espéré j'avais espéré	j'espérerai j'espérerais	j'espérais j'espérai
être to be	étant	je suis tu es il est	nous sommes vous êtes ils sont	j'ai été j'avais été	je serai je serais	j'étais je fus
faire to make, do	faisant	je fais tu fais il fait	nous faisons vous faites ils font	j'ai fait j'avais fait	je ferai je ferais	je faisais je fis
falloir to be necessary		il faut		il a fallu il avait fallu	il faudra il faudrait	il fallait il fallut

Infinitive	Present participle	Present		Perfect Pluperfect	Future Conditional	Imperfect Past historic
jeter to throw	jetant	je jette tu jettes il jette	nous jetons vous jetez ils jettent	j'ai jeté j'avais jeté	je jetterai je jetterais	je jetais je jetai
lever to lift (*also*: mener)	levant	je lève tu lèves il lève	nous levons vous levez ils lèvent	j'ai levé j'avais levé	je lèverai je lèverais	je levais je levai
lire to read	lisant	je lis tu lis il lit	nous lisons vous lisez ils lisent	j'ai lu j'avais lu	je lirai je lirais	je lisais je lus
manger to eat	mangeant	je mange tu manges il mange	nous mangeons vous mangez ils mangent	j'ai mangé j'avais mangé	je mangerai je mangerais	je mangeais je mangeai
mettre to put	mettant	je mets tu mets il met	nous mettons vous mettez ils mettent	j'ai mis j'avais mis	je mettrai je mettrais	je mettais je mettai
mourir to die	mourant	je meurs tu meurs il meurt	nous mourons vous mourez ils meurent	il est mort il était mort	je mourrai je mourrais	je mourais il mourut
naître to be born	naissant			je suis né(e) j'étais né(e)		je naquis
ouvrir to open (*also*: couvrir, découvrir, offrir, souffrir)	ouvrant	j'ouvre tu ouvres il ouvre	nous ouvrons vous ouvrez ils ouvrent	j'ai ouvert j'avais ouvert	j'ouvrirai j'ouvrirais	j'ouvrais j'ouvris
pleuvoir to rain	pleuvant	il pleut		il a plu il avait plu	il pleuvra il pleuvrait	il pleuvait il plut
pouvoir to be able, can	pouvant	je peux tu peux il peut	nous pouvons vous pouvez ils peuvent	j'ai pu j'avais pu	je pourrai je pourrais	je pouvais je pus
prendre to take	prenant	je prends tu prends il prend	nous prenons vous prenez ils prennent	j'ai pris j'avais pris	je prendrai je prendrais	je prenais je pris
recevoir to receive (*also*: apercevoir, concevoir)	recevant	je reçois tu reçois il reçoit	nous recevons vous recevez ils reçoivent	j'ai reçu j'avais reçu	je recevrai je recevrais	je recevais je reçus

Infinitive	Present participle	Present		Perfect Pluperfect	Future Conditional	Imperfect Past historic
rire to laugh	riant	je ris tu ris il rit	nous rions vous riez ils rient	j'ai ri j'avais ri	je rirai je rirais	je riais je ris
savoir to know	sachant	je sais tu sais il sait	nous savons vous savez ils savent	j'ai su j'avais su	je saurai je saurais	je savais je sus
suivre to follow (*also*: poursuivre)	suivant	je suis tu suis il suit	nous suivons vous suivez ils suivent	j'ai suivi j'avais suivi	je suivrai je suivrais	je suivais je suivis
tenir to hold (*also*: appartenir, contenir, maintenir, retenir)	tenant	je tiens tu tiens il tient	nous tenons vous tenez ils tiennent	j'ai tenu j'avais tenu	je tiendrai je tiendrais	je tenais je tins
venir to come (*also*: convenir. devenir, parvenir, revenir)	venant	je viens tu viens il vient	nous venons vous venez ils viennent	je suis venu(e) j'étais venu(e)	je viendrai je viendrais	je venais je vins
vivre to live	vivant	je vis tu vis il vit	nous vivons vous vivez ils vivent	j'ai vécu j'avais vécu	je vivrai je vivrais	je vivais je vécus
voir to see	voyant	je vois tu vois il voit	nous vøyons vous voyez ils voient	j'ai vu j'avais vu	je verrai je verrais	je voyais je vis
vouloir to want	voulant	je veux tu veux il veut	nous voulons vous voulez ils veulent	j'ai voulu j'avais voulu	je voudrai je voudrais	je voulais je voulus

French-English vocabulary

à **bord de** aboard
d' **abord** first
accompagner to accompany
d' **accord** OK
être d'accord to agree
un **achat** a purchase
actif, -ve active
affreux, -euse horrible
s' **agir de** to be a matter of
agréable pleasant
agricole agricultural
l' **aide** help
aider to help
ailleurs elsewhere
aimable nice
aimer mieux to prefer
aîné elder
ajouter to add
un **aliment** a foodstuff
l' **alimentation** food
un **aller-retour** a return ticket
allumer to light, turn on
une **allumette** a match
l' **amour** love
annonce: une (petite)
annonce a (small) advert
un **annuaire** a telephone
directory
apparaître to appear
un **appareil-photo** a camera
appareil: qui est à
l'appareil? who's speaking?
un **appel en PCV** a reversed
charge call
apporter to bring
apprécier to like, appreciate
apprendre to learn
d' **après** according to
l' **argent** money, silver
l' **argent de poche** pocket
money
un **arrêt** a stop
(s') **arrêter** to stop
arrière rear
une **arrivée** an arrival
arriver to arrive, happen
un **ascenseur** a lift
aspirateur: passer
l'aspirateur to 'hoover' up
s' **asseoir** to sit down
assister à to be present at
l' **assurance** insurance
atteindre to reach, attain
au secours help

une **auberge de jeunesse** youth
hostel
aucun problème no problem
aussitôt arrivés as soon as
they arrived
une **auto** a car
l' **automne** autumn
une **autoroute** a motorway
l' **auto-stop** hitch-hiking
autour de around
autrefois in the past
avance: à l'avance in
advance
avant before
l' **avenir** the future
avis: à mon avis in my
opinion
par **avion** by airmail
avoir horreur de to hate
avoir peur de to fear
avouer to admit, confess
ayant having

un **bac à vaisselle** big sink in
campsite
une **baie** a bay
se **baigner** to bathe
un **bal** a dance
le **balcon** the balcony
une **bande** a tape
une **bande dessinée** a cartoon
strip
la **banlieue** the suburbs
un **bateau** a boat
un **bâtiment** a building
un **beau-père** father-in-law, stepfather
une **belle-mère** mother-in-law,
step-mother
un **besoin** a need
avoir besoin de to need
bienvenue welcome
bizarre strange
une **blague** a joke
blessé hurt, injured
un **bloc sanitaire** toilet block
un **bois** wood
une **boisson** a drink
une **boîte de nuit** night club
une **boîte aux lettres** a post box
bon marché cheap
un **bonhomme de**
neige snowman
des **boucles d'oreille** earrings
la **bouffe** food (*slang*)

une **boule de neige** a snowball
une **boum** a party
une **boutique hors taxe** duty-free
shop
un **bracelet** a bracelet, strap
brancher to plug in
un **bras** an arm
bref, -ve short
le **Brésil** Brazil
brésilien Brazilian
le **bricolage** DIY
se **bronzer** to get a tan
brûler to burn
brûler un feu rouge to go
through a red light
la **brume** mist
un **bulletin scolaire** a school
report
un **bureau de change** an
exchange office

une **cabine téléphonique**
telephone box
un **cachet** a tablet
un **cadeau** a gift, present
cadet, -ette younger
un **café-tabac** a café-
tobacconist's
la **caisse** the cash-desk
une **calculatrice** a calculator
un(e) **camarade** a friend
cambrioler to burgle
une **caméra** a movie camera
la **campagne** the country
une **caravane** a caravan
un **carnet de chèques** a cheque
book
carré square
un **carrefour** crossroads
une **carrière** a career
une **case** a 'box'
(se) **casser** to break
ce qui, ce que that which
ceci this
une **ceinture** a belt
une **ceinture de sécurité** a safety
belt
célèbre famous
célibataire single
celui, celle this one
un **centre commercial** shopping
centre
le **centre-ville** town centre
une **cerise** a cherry
chacun(e) each one

la **chaleur** the heat
un **champignon** a mushroom
chaque each
un **chariot** a trolley
la **chasse** hunting
chasser to hunt
châtain chestnut
un **château** a castle
le **chemin** road
le **chemin de fer** railway
un **cheval** a horse
la **cheville** the ankle
chez at (to) the home of
choisir to choose
un **choix** a choice
une **chose** a thing
citer to quote
un **citoyen** a citizen
un **citron** a lemon
clair light
une **clé (clef)** a key
un **cochon** a pig
le **cœur** the heart
  avoir mal au cœur to feel
  sick
un **coin** a corner, district
un **col** a collar
un **colis** a parcel
une **colonne** a column
commander to order
comment how, what
  Comment est-il? What is he
  like?
un **commerçant** shopkeeper
le **commissariat** police station
complet full
comprendre to understand
  se faire comprendre to
  make oneself understood
un **comprimé** a tablet
concerne: en ce qui
  concerne ... as far as ... is
  concerned
conduire to drive
un **congé** holiday, leave
un **congélateur** a freezer
connaître to know
connu known
un **constat** accident form
un **consulat** a consulate
une **consultation** a visit to doctor,
  dentist
contre against
  par contre on the other hand

un **copain/une copine** a friend
une **cordonnerie** a cobbler's
un(e) **correspondant(e)** a pen-
  friend
le **coton hydrophile** cotton
  wool
une **couche** a layer
se **coucher** to go to bed
un **coup de soleil** sunburn
un **coup de téléphone** a
  telephone call
(se) **couper** to cut, cut off
au **courant** in the know
courir to run
le **courrier** mail
le **cours** the lesson
le **cours de change** exchange
  rate
au **cours de** in the course of
une **course** a race
un **couvert** a place setting
craquant 'dishy'
créer to create
une **crêpe** a pancake
crevé punctured; very tired
croire to believe
cru raw
les **crudités** raw vegetables
le **cuir** leather
cuisiner to cook
une **cuisinière à gaz** gas cooker
cuit: bien cuit well cooked

débarrasser la table to clear
  the table
débuter to begin
déchiré torn
une **déclaration de perte** a lost-
  property form
décoller to take off
découvrir to discover
décrire to describe
un **délégué** a delegate
se **demander** to wonder
dément crazy
un **déodorant** a deodorant
un **département** a region of
  France
dépasser to overtake
ça **dépend** that depends
dépenser to spend
un **dépliant** a leaflet
depuis since, for
déraper to skid
un **dessin animé** a cartoon

dessous below
dessus above
le **deux-temps** two-stroke
devenir to become
une **déviation** a diversion
deviner to guess
le **devoir** duty
les **devoirs** homework
dire: c'est-à-dire that's to say
discuter to discuss
disponible available
un **documentaire** a
  documentary
un **domicile** a home
donc therefore
donner to give
dont of which
doré golden
dormir to sleep
un **dortoir** a dormitory
le **dos** the back
un **drap** a sheet
les **droits** the rights
drôle funny
durer to last
un **duvet** anorak

échanger to exchange
éclater de rire to burst out
  laughing
un **écolier** a schoolboy
économiser, faire des
  économies to save
s' **écrire** to write to each other
égal: ça m'est égal it's all the
  same to me
une **émission** a broadcast
un **emploi** a job
emprunter to borrow
encaisser to cash
un **endroit** a place
s' **ennuyer** to be bored
ennuyeux boring
enragé angry
enregistrer to record
enrhumé full of cold
un **enseignant** a teacher
ensoleillé sunny
ensuite afterwards
entamer to begin
entendre to hear
l' **entr'acte** the interval
envers towards
à l' **envers** upside down
environ about

environs: dans les environs de in the region of
envoyer to send
épais thick
épeler to spell
à l' **époque** at the time
une **épouse** a wife
épouvante: un film d'épouvante a horror film
une **épreuve** a test
une **erreur de numéro** a wrong number
espérer to hope
essayer to try
un **essuie-mains** hand towel
l' **estomac** the stomach
un **établissement** an establishment
un **étang** a pond
l' **état** the state
l' **été** the summer
une **étiquette** a ticket, label
une **étoile** a star
étrange strange
étroit tight, narrow
un(e) **étudiant(e)** a student
étudier to study
eux them
évidemment obviously
un **évier** a sink
il **existe** there exists
un **exposé** an account
expliquer to explain
l' **extérieur** the outside, exterior

fabriqué made
une **façon** a way
faible weak
se **faire bronzer** to get a tan
faire les courses to go shopping
un **fait** a fact
une **farce** a practical joke
une **faute** a mistake
un **ferry(-boat)** a ferry
un **feu rouge** a traffic light
fiancé engaged
fiche: je m'en fiche I couldn't care less
une **fiche** a form
fier, -ère proud
la **fièvre** fever
la **fin** the end
un **fleuve** a river (*which goes into the sea*)

un **flipper** a pinball machine
foncé dark
forme: garder la forme to keep one's figure
un **formulaire** a form
fort strong
se **fouler** to sprain
frais, -aîche fresh, cool
une **framboise** a raspberry
un **frein** a brake
freiner to brake
les **fruits de mer** sea food
fumer to smoke
(non) **fumeur** (non-)smoker

une **gaffe** a mistake
gagner la vie to earn one's living
garder to keep
un **gardien** a warden
le **gas-oil** diesel fuel
génial great
les **gens** people
gentil, -ille kind
glissades: faire des glissades to slide
glisser to slip
gourmand greedy
gratuit free
grave serious
gravement seriously
la **grippe** flu
grippé suffering from flu
grossir to get fat
la **guerre** war
le **guichet** ticket office 'window'

un **habitant** an inhabitant
d' **habitude** usually
par **hasard** by chance
heurter to collide with
hier yesterday
l' **hiver** winter
honnête honest
une **horloge** a clock

idée: aucune idée no idea
ignorer not to know, not be aware of
une **image** a picture
un **immeuble** a block of flats
impoli impolite
impressionner to impress
inclus included
incollable: es-tu incollable sur ...? do you know

everything about ...?
industriel, -elle industrial
s' **inquiéter** to worry
une **insolation** sunstroke
s' **installer** to settle in
un **instituteur** junior school teacher
interdit forbidden
l' **intérieur** the inside, interior
introduire to insert
un **invité** a guest
ça **ira** it will be all right

une **jambe** a leg
le **jardinage** gardening
jeter to throw
un **jeton** a token
un **jeu** a game
la **jeunesse** youth
jouer un tour to play a trick
un **jouet** a toy
un **jour** a day
une **journée** a day
jusqu'à until
jusqu'ici until now

là there
là-dessus about it
laid ugly
la **laine** wool
laisser to leave
laitier, -ère dairy
une **lampe de poche** a torch
un **lavabo** a wash basin
le **lavage** washing
une **laverie automatique** a laundrette
la **légende** the key
lent slow
lequel, laquelle which one
une **lettre de plainte** a letter of complaint
se **lever** to get up
une **licence** a degree
un **lieu** a place
au **lieu de** instead of
la **livraison** delivery
une **livre sterling** a pound sterling
(pas) **loin de** (not) far from
les **loisirs** leisure
longtemps a long time
lorsque when

lot: **le grand lot** the jackpot
une **luge** a sledge
lui-même himself
les **lunettes de soleil** sunglasses

un **magnétophone** a tape recorder
un **maillot de bain** swimming costume
un **maître-nageur** swimming instructor
une **maîtresse** a mistress
mal badly
se faire mal to hurt oneself
le **mal de mer** sea-sickness
malade ill
malheureusement unfortunately
une **manche** a sleeve
la **Manche** the English Channel
en pleine Manche in the middle of the Channel
un **manque** a lack
manquer to miss
le **maquillage** make-up
le **marché commun** the Common Market
un **matelas pneumatique** an airbed
une **matière** a school subject
mauvais bad
un **médicament** medication
un **mélange** a mixture
même same, even, self
le **ménage** housework
ménager connected with the house
mener to lead
mentir to lie
la **mer** the sea
mesurer to measure
la **météo** the weather forecast
un **métier** a job
le **métro** the underground railway
miauler to miaow
un **micro-ordinateur** a micro-computer
mieux: tant mieux so much the better
le **milieu** the middle
un **mineur** a minor
moche horrible
un **mois** a month
moment: en ce moment at the moment

le **monde** the world
la **montagne** mountain
le **montant** the amount
une **montre** a watch
un **morceau** a piece
mort dead
un **mot** a word
une **mouche** a fly
mouillé wet
mourir de faim to die of hunger
la **moutarde** mustard
moyen, -enne medium, average
un **moyen de transport** a means of transport
un **musée** a museum

nager to swim
naissance: la date de naissance date of birth
un **navire** a ship
n'est-ce pas? isn't it? *etc.*
le **nettoyage à sec** dry cleaning
nettoyer to clean
un **neveu** a nephew
une **niche** a kennel
une **nièce** a niece
nocturne nocturnal
un **nombre** a number
se **nourrir de** to feed off
la **nourriture** food
nouveau, -elle new
un **nuage** a cloud
nuageux cloudy
nul, nulle no use at all

un **objet porte-bonheur** a good-luck charm
obtenir to obtain
d' **ordre personnel** of a personal nature
un **oiseau** a bird
l' **orchestre** the stalls
originaire de originating from
oublier to forget
un **ouvre-boîte** a tin opener

paisible peaceful
en **panne** broken down, out of order
un **panneau** a sign
un **pansement** a bandage
les **pantoufles** slippers
un- **parapluie** an umbrella

un **parcmètre** a parking meter
le **parfum** perfume, flavour
partager to share
participer to take part
partir to leave
partout everywhere
pas mal de quite a lot of
se **passer** to happen
un **passe-temps** a hobby
passionnant exciting
un **passionné** a fan
se **passionner pour** to be mad about
le **patinage** skating
une **patte** a paw
le **paysage** the countryside
le **péage** the toll
la **pêche** fishing, peach
un **pédalo** a pedal boat
à **peine** hardly
peine: ce n'est pas la peine de … it's not worth …
une **pellicule** a film
pendant during
penser to think
un **permis de conduire** driving licence
une **perte** a loss
peser to weigh
à **peu près** almost
peu: il y a peu de temps a short time ago
peut-être perhaps
une **pièce d'argent** a coin
une **pièce d'identité** some identification

une **pièce de théâtre** a play
un **pied** a foot
un **piéton** a pedestrian
une **pile** a battery
une **pilule** a pill
piquer to sting
pique-niquer to picnic
une **piqûre** a sting, injection
pittoresque picturesque
sur **place** on the spot
la **plage** the beach
se **plaindre** to complain
la **planche à voile** wind surfing
un **plan d'eau** a stretch of water
plat flat
un **plat** a dish
des **plats cuisinés** ready-cooked meals

plein full
la **plupart de** most of
en **plus** in addition
plusieurs several
plutôt rather
un **pneu** a tyre
un **poids lourd** a heavy lorry
à **point** medium (of steak)
un **poisson rouge** a goldfish
le **poivre** pepper
poli polite
police-secours emergency services
policier, -ère police
un **pont** a bridge
poser to put, ask (questions)
pose pare-brise windscreens fitted
potable: eau (non-) potable (non-)drinking water
le **potage** soup
la **poterie** pottery
une **poubelle** a dustbin
pratique practical
pratiquer to practise
précieux, -euse precious
un **prénom** first name
prêter to lend
prévoir to foresee
le **printemps** spring
priorité à droite give way to the right
une **prise de courant** an electric socket
un **produit** a product
un **projet** a project, plan
une **promenade** a trip
se **promener** to go for a walk
prononcer to pronounce
à **propos** by the way
propre own, clean
un **propriétaire** an owner
la **publicité** publicity, advert
puisque since
la **purée de pommes de terre** mashed potato

quand même all the same
que ce soit ou non whether it is or not
quelque chose something
quelquefois sometimes
ne **quittez pas** hold the line
quoi what

raconter to tell (a story)
rade: tomber en rade to go wrong
à **raison de** at the rate of
ralentir to slow down
une **randonnée** an outing
une randonnée pédestre a ramble
se **rappeler** to remember
un **rapport** a report
par **rapport à** compared with
un **rasoir** a razor
rater to miss
un **rayon** shelf; department
recevoir to receive
un **réchaud** a stove
recommander to recommend
la **récré(ation)** break
rectangulaire rectangular
reculer to reverse
redoubler to repeat a year
un **régime** a diet
le **règlement** the rules
remarquer to notice
rembourser to pay back
remercier to thank
remplir to fill
(se) **rencontrer** to meet
un **rendez-vous** an appointment
se **rendre** to make one's way
rendre visite à to visit
des **renseignements** information
se **renseigner** to get information
rentrer to return
renverser to knock over
renvoyer to send back
un **repas à emporter** a take-away meal
un **reportage** a news report
ressortir to go out again
rester to stay
retirer to withdraw
réussir to succeed
un **réveil(-matin)** an alarm clock
revenir to come back
revenir cher to end up expensive
le **rez-de-chaussée** ground floor
un **rhume** a cold
un **rideau** a curtain
rigoler to have a laugh
une **rivière** a river
le **riz** rice
un **robinet** a tap

rond round
un **rond-point** a roundabout
rouler to travel (of vehicle)

un **sac à dos** a rucsac
un **sac de couchage** a sleeping-bag
sain healthy
sale dirty
salé salted
une **salle omnisport** a multisports room
la **santé** health
santé! cheers!
un **sapeur-pompier** a fireman
une **séance** a performance, showing
sec, sèche dry
un **sèche-cheveux** a hair dryer
un **séjour** a stay
le **sel** salt
selon according to
une **semaine** a week
sembler to seem
un **sens unique** a one-way street
sensass sensational
se **sentir** to feel
sérieux, -euse serious
une **serviette** a towel
seul alone; only
le **shampooing** shampoo
un **siècle** a century
un **sirop** a (cough) syrup
situé situated
un **slip** underpants
soit . . . soit . . . either . . . or
un **solde** a bargain
une **somme** a sum
un **son** a sound
un **son et lumière** a light-and-sound show
une **sortie de secours** emergency exit
sortir to go out
souffrant unwell
souffrir to suffer
souhaitable desirable
le **sous-sol** the basement
souvent often
le **sparadrap** sticking plaster
un **spectacle** a show
sportif, -ive sporting
un **stade** a stadium
un **stage** a course

une **station-service** a service station
le **stationnement** parking
un **stop** a stop sign
sucré sweet
suivant following
suivre to follow
supplémenter to add to
sûr sure
une **surprise-partie** a party
surveiller to keep an eye on
sympa(-thique) nice

tâcher to try
la **taille** size
de taille moyenne of average size
un **tarif** a price list
un **taux du change** exchange rate
tel, telle such
tellement so, very
le **témoignage** evidence
un **témoin** a witness
temps: en même temps at the same time
une **tente** a tent
(se) **terminer** to end
un **terrain** a site, pitch
une **théière** a teapot
timide shy
le **tirage** the draw
tomber en panne to break down
tôt: le plus tôt possible as soon as possible
la **tonalité** dialling tone
le **tour** the turn
la **tour** the tower
tourner: la tête me tourne my head is spinning
tousser to cough
toutes directions all traffic
le **trac** 'butterflies'
le **traitement** treatment

un **trajet** a trip
une **tranche** a slice
tranquille quiet
transpirer to perspire
les **travaux manuels** craft
traverser to cross
la **traversée** the crossing
tricoter to knit
trop too, too much
le **trottoir** the pavement
un **trou** a hole
se **trouver** to be (situated)
tuer to kill
un **type** a fellow

utile useful
utiliser to use

les **vacances** the holidays
un **vélomoteur** a moped
se **vendre** to be sold
vénimeux poisonous
venir de to have just
le **ventre** tummy
vérifier to check
les **vêtements de rechange** a change of clothing
la **vie** life
vieux, vieille old
virer to turn
une **visite guidée** a guided visit
une **visite scolaire** a school visit
une **vitrine** a shop window
vivant alive
vivre to live
la **voile** sailing
voir: faites voir let me see
un(e) **voisin(e)** a neighbour
un **vol** a flight, theft
voler to fly, steal
vouloir dire to mean
en **vrac** jumbled
vrai true, real
vraiment really

les **yeux** eyes

Grammar index